遊びの語源と博物誌

小林祥次郎

勉誠出版

随分以前からのことであるが、私は心の中では、人間文化は遊戯の中に——遊戯として——発生し、展開してきたのだ、という確信が次第に強まる一方であった。

私が問題とするところは、遊戯するということが、他のさまざまの文化現象のあいだでどういう位置を占めるのかということではなく、文化そのものはどこまで遊戯の性格を持っているか、ということであったのである。

（ヨハン・ホイジンガ『ホモ・ルーデンス』「まえがき」高橋英夫訳より）

目　次

6 囲碁・将棋 155

7 賭博 181

8 遊郭 215

1　子供の遊び

最初にアソブの語源をと考えて、諸説を調べてみた。

1　遊《アソブ》（弥進《アスヽム》）（大石千引『言元梯』（文政一三（一八三〇））

2　遊《アソブ》（アカ《明》スベ《方》也　アカスベハモト禁中御遊ニテ云フ。ヒロクソノ外ノコトニモナル也。禁中御遊ハ必ズ夜ニアリ）（服部宜『名言通』天保六（一八三五））

3　アソはアシ（足）の転呼であらう。ビは活用語尾。足ビ即ち（一）遊行の意から転じて（二）行楽の義となり（三）更に転じて行為を意味する敬語に用ひられる。（松岡静雄『日本古語大辞典』昭和一二）

4　遊《アソブ》　息進振《アソブ》なり。（略）動きて一定せざるなり。業せぬをアソブといふも、心のそゝり本心を離れたるよしなり。（賀茂百樹『日本語源』昭和一八）

どれにしても、著者は本気でそう考えていたのだろうかと言いたくなる。こういう基本的なことばの語源は分からないものなのだ。

子供の遊びから始める。

遊びをせんとや生《う》まれけむ。戯《たはぶ》れせんとや生《む》まれけん。遊ぶ子どもの声聞けば、わが身さへこそ揺るがるれ。（梁塵秘抄・三五九）

子供は遊ぶものなのだ。

本拳（拳会角力図会・上）

子供の遊びは大人のしているのをまねたものが多いと聞いたことがある。そんなことを頭において、この章をお読みいただきたい。

じゃんけん

じゃんけんを説明するには、「拳《けん》」から始めなくてはならない。

「拳」の字はこぶしの意味だ。それを使ってする「拳」という遊びは、二人で向かい合って、指を開いたり曲げたりして、勝負を争うものだ。中国の酒席での遊びの拇《ぼ》戦《せん》・拇陣、中指の技などというものが江戸時代に長崎に伝わり、そこから京阪、江戸に広まったと言われている。

「拳」を大きく分けると、二人の出す数

を言い当てる「数拳」と、互いに一方には勝つが一方には負けるという関係の「三すくみ拳」とになる。

「数拳」の代表的なものに「本拳」がある。向かい合った二人が互いに右手の伸ばして出した指の数の合計を言い当てた方が勝ちとなるものだ。両者が同じ数を言えばアイコになる。数字は、一をイッコウ、二をリャン、三をサン、四をスウ、五をゴウ、六をリウ、七をチヱヱ、

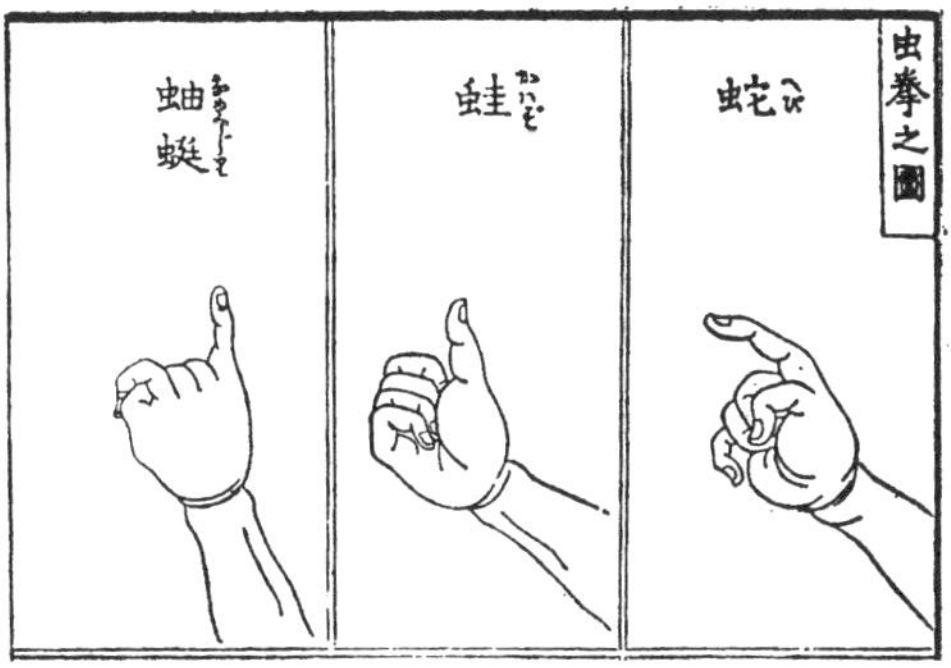

虫拳（拳会角力図会・上）

八をハマ、九をクワイ、十をトイと言う（文化六年（一八〇九）刊『拳会角力図会《けんさらえすまいずえ》』（上）の読み方。本により異同がある）。当時の中国語音ということのようだ。連続して三回勝てば勝ちとなる。

「三すくみ拳」の代表的なものがジャンケンだが、その他に、虫《むし》拳、狐《きつね》拳、虎《とら》拳などがある。これは中国伝来の拳が元になって、日本で独自に生まれたものだ。

「虫拳」は、ヘビがカエルに、カエルがナメクジに、ナメクジがヘビに勝つもので、ヘビは人差し指を、カエルは親指を、ナメクジは小指を立てて示す。

「狐拳」（「庄屋拳」とも言う）では、狐が庄屋（「旦那」と

虎拳（拳会角力図会・上）

言うこともある）に、庄屋が猟師に、猟師が狐に勝つ。狐は両手を開いて耳の辺りまで上げて狐の姿をし、庄屋は両手を膝の上に置いて威張っている身ぶりをし、猟師は左手を握って前に出して右手を腰の辺りに置いて鉄砲を撃つ形をする。わたくしは幼年時に、拍手をしながら「シャンシャンシャン、オシャシャノ」と言い、それからどれかの形をして、「コンコンコン」「旦那さん」「ドーン」と言って遊んだ記憶がある。

「藤八拳《とうはちけん》」（大正以後は「東八拳」と書くようになった）は、狐拳で三度続けて勝った者を勝ちとするものだ。

「虎拳」は近松門左衛門の『国性爺合戦《こくせんやかっせん》』に登場する和藤内《わとうない》、その老母、虎の三すくみで、和藤内は虎に、虎は老母に、老母は和藤内に勝つ。和藤内ではなく豊臣秀吉の朝鮮出兵の時に虎を退治した加藤清正とする所もあるそうだ。テレビドラマの京都祇園での遊びの場面によく見られるから、祇園では今でも盛んなのだろう。部屋を屏風や衝立《ついたて》で仕切り、二人がその左右に分かれ、拳を振り上げるか槍を構えるかした和藤内、四つん這いの虎、腰を曲げ杖をついた老母の身ぶりで、唄に合わせて出て来ることで勝負が決まる。

山崎美成《やまざきよししげ》の随筆『三養雑記』(二)に、「さて拳にくさぐさの品あり。虫拳はなほ拳と言ふべし。狐拳・虎拳などに至りては、拳の名はおほせがたくや」と言っている。「拳」はこぶしだから、体全体の身ぶりのものを「拳」と言うのは不都合かもしれない。でも言葉の意味はこんなふうに広がるのだろう。

三すくみ拳には他にもさまざまなものがあった。嘉永三年(一八五〇)成立の西沢一鳳軒《にしざわいっぽうけん》の随筆『皇都午睡』(初・上)には「三国拳とて天照大神・孔子・釈迦ありたれどはやらず」とある。

じゃんけんも三すくみ拳の一つで、『皇都午睡』(初・上)に、「近頃東都にてはやりしはジャン拳なり」とあるから、江戸末期に出来たもののようだ。

吉川英治『宮本武蔵』(風の巻・今様六歌仙・四)に、京都六条柳町の遊郭で、商人の灰屋紹由《はいやしょうゆう》と公家の烏丸光広《からすまるみつひろ》の二人で、

「憎いことを。しからば、じゃんけん！」

「よろしかろう。さあ」

「沢庵坊、行司行司」

「心得た」

ふたりは真顔になって、拳を闘わせた。


という場面がある。江戸初期にじゃんけんをしているのは少々具合が悪かろう。

ジャンケンが他の拳を押しのけて広まったのは、虫拳などよりも紛らわしくない明快な形だからだろう。

ジャンケンの語源について、大槻文彦は、『言海』では「両拳《リャンケン》ノ訛カ」だったが、『大言海』では「いしーけん」の条に、「じゃん拳《ケン》ト云フハ、石拳《ジャクケン》ノ音便ナラム」とした。暉峻康隆《てるおかやすたか》『すらんぐ』では、「これを「じゃん拳」というのは、「石拳《じゃくけん》」の音便であろうという説があるが、こじつけである。「じゃん」は「りゃん」（両）のなまりで、すなわち鋏を主として言ったわけである。」とする。

「石」をジャクと言わないわけではないが、例は少なかろう。それに「石拳」なら、「キツネ拳」「トラ拳」などから考えるとイシケンになるのではないか。リャンケン説に従いたい。先に記したとおり、本拳で二をリャンと言う。漢字を当てれば「両」だ。麻雀でもそうだが、二をリャンと言うのだ。

仏教語「料簡法意」が語源というのを聞いたことがあるが、中村元『仏教語大辞典』にこの語は見えない。

勝負無しの「あいこ」について、『広辞苑』（第二版）には「コは「さま（様）」の意の接尾語」とあったが、第三版では「コは接尾語」だけになった。『拳会角力図会』（上）に、「一より五つまで互ひに同じ声を言ふときは、則ち合声《あひこ》とて勝負なしなり」とある。アイコエのエが落ちたのが語源とも考えられる。

林屋辰三郎・加藤秀俊・梅棹忠夫・多田道太郎『日本人の知恵』（昭和三七）に「じゃんけん」の章がある。若い時に読んで感服したので、ちょっと長くなるが、要点を抜き出すことにする。


じつは、じゃんけんこそは、日本の倫理学、論理学、組織論等を究めるうえできわめて重要なカギなのであり、日本人の思想を論ずるにあたって、絶対に逸することのできぬ要《かなめ》である。


三すくみというのは絶対的権威の否定である。三者のうち、どれが一ばん強いというものはありえない。

これを倫理学としてみるなら、どんな強いものにも弱点があるということの認識だ。

丁か半か、あれかこれかという二者択一ではなく、もう一つの別の選択の可能性が残されているのがじゃんけんだ。丁か半だと、相手が丁といえば、こちらはいやがおうでも半にならざるをえない。が、じゃんけんでは、三つのうちどれを選ぶかは、各人の自主判断にまかされている。

日本人は一般にせっかちで短兵急で、ものごとをすぐ白か黒かのどちらかにきめたがるように思われている。だが、じっさいは、じゃんけんにみられるように、二者択一の即決型ではない。その思考方式は直線論理によらず、ひじょうに屈折したものだ。しかもその屈折の仕方が、西洋の伝統的論理学とはまったく異なった独特のものなのである。

西洋の弁証法では「正」と「反」があって、両者が止揚されて「合」になるという発展経過をたどる。じゃんけんが最終段階に至るプロセスはそれとは質的に異なる。有限回帰的とでもいうべき妙な論理形式だ。じゃんけんの論理形式は〝じゃんけん式〟としか形容の仕方がないものである。

螺旋《らせん》階段式の弁証法とでも言おうか。

かごめかごめ

平出鏗二郎『東京風俗志』（下・一一・児戯）に、

また手を繋ぎて立ち、その下に一人の子をして蹲踞《たたず》み居らしめて、「かごめ、かごめ、籠の中の鳥は、いついつ出やる、夜明けの晩に、つるつるつッぺった」

と叫べば、蹲踞み居れる児、乃ち逃れ去る遊びあり、これを「かごめかごめ」といふ。

とある。補足すると、中にいる子がしゃがんで目隠しをし、回りの子は手をつないで右の歌を歌いながらしゃがんだ子を回り、最後に「後ろの正面、だァれ」と歌い終わると、しゃがんでいる子が自分の後ろにいる子の名を当て、当てられた子が次に中でしゃがむ、という遊びだ。町田嘉章・浅野建二『わらべうた』（岩波文庫）には千葉県野田市の歌で関東地方を中心に全国に分布しているとある。行智の文政三年（一八二〇）成立『童謡集』にはほぼ同じ歌詞で、文政六年の清元「月花兹友鳥《つきとはなここにともとり》」では「つるつるつるつっぱいった」となっている。わたくしは「鶴と亀がつっぱいった」と歌った記憶がある。「鶴と亀がつるんだ」と歌ったと言った知人がいた。大田南畝《なんぽ》の天明七年（一七八七）刊かという狂文集『四方のあか』（上）の「児戯賦」という文に「つるつるといる《(ふ?)》名にめでて、籠目籠目と歌ふ」とある。江戸中期にはあった遊びだ。「かごめ」の語源について、柳田国男『こども風土記』（かごめ・かごめ）に、

　この「かごめ」は身を屈めよ、すなはちしゃがめ〳〵といふことであった。誰が改作したか、それを鳥の鷗のやうに解して籠

かごめかごめ
（東京風俗志・下）

> の中の鳥といひ、籠だからいつ出るかと問ひの形をとり、夜明けの晩などゝいふあり得べからざるはぐらかしの語を使って、一ぺんに坐ってしまふのである。

と説明する。「屈《かが》め」だというのだ。亀井孝は「囲（かこ）む」をカゴムとも言った例を上げて「囲め」とする（「かァごめ　かごめ」『亀井孝論文集4』）。「囲め」のほうが音の変化が無いから、妥当なのではないかと思う。

柳田国男「昔の国語教育」（『国語の将来』所収）に、「一人に神霊を依らしめて、不審を是に訊かうとした信仰行事より他にはない。」とある。神がかりになるから目隠しをしていても当てられるのだ。

ぶらんこ

ブランコを漢語では「鞦韆《しゅうせん》」と言う。現代中国語では同音で「秋千 qui qian」と書く。

歴史学者原勝郎（明治四―大正一三）が大正十二年に発表した『鞦韆考』という滋味豊かな論文は次の文から始まる。

> 鞦韆は漢字で綴ればこそむつかしくなるが、遊戯としては極めて簡単で、何人でもたやすく思ひつきさうな種類のものである。されば其源流を究めるなどは嗚呼《をこ》の沙汰に近いかも知れない。然るに無造作な此技が、想像さるゝよりも少数の発明者しか持たなかったと見えて、東洋に於ても西洋に在りても、国から国へと移り行った跡が歴然と認められる。

加之《しかのみならず》、時代によりての変遷もある。

原はギリシア神話に例のあることを記すが、世界最古の史料は、紀元前三千年紀中ごろと評価されるメソポタミアの椅子に座った豊穣女神の小像だそうだ（『最新スポーツ大辞典』、「ぶらんこ」は寒川恒夫執筆）。古代のギリシア、オリエント、インドでは、春に女子が乗って豊穣を予祝する儀礼だった。

ヨーロッパへはエジプトやローマを経由して広まった。十七世紀ころにはフランスなどの諸国でもてはやされ、フランスではバランソアール、スペインではバランセアールに転じ、ポルトガルではバランソとなった（原『鞦韆考』）。ロココの画家のJ・H・フラゴナール（Fragonard 一七三二―一八〇六）の一七六七年ころの作「ぶらんこの絶好のチャンス（ブランコ）」には、森の中でぶらんこに乗る若い娘と、それを押す中年の男、娘のスカートの中を覗《のぞ》く若い男が描いてある。

中国では六朝時代ころには行っていた。六世紀半ばに梁《りょう》の宗懍《そうりん》が荊楚《けいそ》地方（現在の湖北・湖南省）の年中行事や風俗を記した『荊楚歳時記』の立春の箇所に「打毬・鞦韆之戯を為す」とある。唐時代には、冬至から百五日目（太陽暦では四月六日ころ）の寒食の日に女子が乗るものだった。春に女子が乗るというのは、インドあるいはメソポタミアの豊穣儀礼が伝わったものだろう。これに乗ると仙人になるような気分がするので「半仙戯」とも言った。

日本には平安初期にはもたらされていた。天長四年（八二七）成立の勅撰漢詩文集『経国集』（一一）に、嵯峨《さが》上皇の詩「鞦韆篇」（一〇五）とそれに和した滋野貞主《しげののさだぬし》の「奉和鞦韆篇」（一〇六）とが載っている。どちらも寒食の日に宮女たちが鞦韆に乗って軽やかに遊ぶ姿を描いている。中国のものを想像して詠んだとも考えられるが、かなり細かい描写なので、実際に乗っている姿を見ての作だろうと思う。

ところが以後の文献には、辞書類以外には見られなくなる。このことについて、原は「此鞦韆も衣服が次第に改まったのと、其他の事情とからして遂に一旦全く廃絶に至ったものであらう。」と述べる。宮中の女性の衣服が、中国風から十二単衣《じゅうにひとえ》などの日本風なものになったので、ブランコには向かなくなったのだ。

辞書では承平四年（九三四）ころ成立した源順《みなもとのしたがう》編の意義分類体辞書『倭名類聚抄《わみょうるいじゅしょう》』に、中国の『古今芸術図』に「鞦韆」があるとし、「由佐波利《ゆさはり》、綵縄を以て空中に懸け以て戯と為す也」と説明する。これは実物を知ってのものか、それとも漢籍からの知識で書いているのか。以後の室町時代までの辞書には、このユサハリ（ハの清濁は両様）とその変化したユサフリ・ユサワリ・ユサフルが見え、他にはサガリコ（天文十七年（一五四八）成立の辞書『運歩色葉集《うんぽいろはしゅう》』）、フリフリ（天文三年成立の蘇東坡《そとうば》の詩の注釈『四河入海《しがにっかい》』（二三・二））、フツセゴ（慶長十年（一六〇五）刊の辞書『夢梅本倭玉篇《むばいぼんわごくへん》』）が一例ずつあるだけだ。

江戸時代になると俳諧の歳時記に春の季語として載るようになる。最初は寛文七年（一六六七）に出た北村季吟の『増山井《ぞうやまのい》』の三月の季語の中に、

鞦韆《シウセン》の戯《タハブレ》（半仙《ハンセン》のたはぶれ　これも寒食に、色どれる縄を木に掛け、架《ホコ》を立て、士女その上に坐し立ちて、その縄を引き動かして遊ぶ事なり。唐の天宝年中に宮女寒食にこの鞦韆のたはぶれをなし笑ひ楽しみけるを、帝《ミカド》半仙の戯《タハムレ》とのたまへること、天宝遺事にあり。）

と説明してあるものだ。この本は後の歳時記類に大きな影響を及ぼしたので、「鞦韆」も受け継がれる。元禄二年（一六八九）に出た『誹諧番匠童《はいかいばんじょうわらわ》』に、

鞦韆の戯（半仙の戯　寒食の比《ころ》ある事となり○俗に云ふぶらここの事なり）

とブラココという和語が出ている。「俗に云ふ」とあるのは、そういうものが日本にもあるということだろう。喜多村信節《のぶよ》の『嬉遊笑覧《きゆうしょうらん》』（六下）に、鞦韆について「ここにも田舎などにはすることとなり。それも女子の戯にあらず」とある。最初に引いた『鞦韆考』で原の言うように、「遊戯としては極めて簡単で、何人でもたやすく思ひつ」くものだから、地方によっては古くからあったのかもしれない。

以後の本では、元禄三年の『其袋《そのふくろ》』に、

鞦韆《ブラココ》のたはぶれはやせ猿回し　かしく

という句があるなど、たいていはブラココになる。ブラココと少し違う形では、フラココ（延

享二年刊『誹諧《はいかい》手《て》挑灯《ちょうちん》』)、ブラツコ（谷川士清《ことすが》『倭訓栞《わくんのしおり》』）などがあり、小林一茶に、

　ふらんどや桜の花を持ちながら（文政句帖）

の句がある。

　ブランコは、一八六七年に出たJ・C・ヘボン（Hepburn）の『和英語林集成』に、

　BURANKO, ブランコ, A swing

　　Syn, YUSAWARI,

とあるのが最古のようだ。石井研堂『明治事物起源』には、明治元年の田辺良輔『新兵』に「ブランコする法」の一章があることから、「まづ兵式訓練に採用されしものなることを知る」と述べている。これは外国からもたらされたもののようだ。

　明治になって、西洋のものが輸入されて一般化し、ブランコが普通の語になった。夏目漱石の明治三十九年作『坊っちゃん』（二）に、女中の清が家を持つことを勧めて、

　あなたはどこがお好き、麹町ですか麻布ですか、御庭にはぶらんこを御こしらへ遊ばせ、

　西洋間は一つで沢山です

と言うところがある。ブランコは上流家庭のステータス・シンボルだった。伊藤左千夫に明治四十一年の作の、

　よき日には庭にゆさふり雨の日は家とよもして児等が遊ぶも

という歌があり、「ゆさふり」はブランコのことと言う。伊藤家はかなり裕福だったようだ。
北村透谷が明治二十七年五月十六日に縊死したことを報じた『やまと新聞』に、「裏口なる桜の木に兵児帯をかけ美事にブランコ往生を遂げたる由」という記事が出た（伊藤整『日本文壇史』）。明治四十年に出た金沢庄三郎の『辞林』（明治四十四年の改訂版による）に、

　ぶらんこーわうじゃう［鞦韆往生］（名）首をくゝりて死ぬること、くびくゝり。

と出ている。

語源について、原は「ぶらんこも、ぶらこゝもともに葡語のバランソから転じ、バランのみが採られて、それにコが付いたものではなからうかと思ふ」とする。ポルトガル語balançoには、振動、動揺、総合評価、収支決算、ブランコ、屋根などの張り出し、の意味がある。柳田国男は、「あれは、ブラン、ブランとさがってゐるからである」（「ブランコの話」『少年と国語』所収）とする。柳田説のほうがブラココ、ブランコとも説明できて、おだやかなのではないかと思う。

現代の俳句でもブランコは春の季語になっている。寒食のことを知って句作する人などあるまい。「やはり子供達が元気に遊戯するのはほか〳〵と暖くなってからのことであり、その震動に依って起るきしりには、暢びやかな春らしい響がある。」（改造社版『俳諧歳時記　春』）ということで差し支え無かろう。

おもちゃ

『日本書紀』（一五）の清寧天皇三年十月の条の「器翫」にモテアソビモノと古い訓があり、平安前期の辞書『新撰字鏡』に、「機調　毛知阿曽比物《もちあそびもの》」とある。これらが玩具の最古の語形だ。

『源氏物語』（乙女）に、「お前近き前栽《せんざい》（植え込み）、五葉《ごえふ》・紅梅・桜・藤・山吹・岩躑躅《いはつつじ》などやうの春のもてあそびをわざとは植ゑで」とある。もてあそぶ物をモテアソビと言うようになった。モチアソビのほうは、時代が下るが、イエズス会が一五九五年に出した『羅葡日《らぽにち》辞書《じしょ》』に「Crepundia（ラテン語で玩具）ヲサナキ　シュノ　アソビ　ダウグ（幼き衆の遊び道具）、ワラベノ mochiasobi（モチアソビ）」とある。江戸中期になると、モチアソビから変化して、モチャソビ、モチャスビなどとも言うようになる。

式亭三馬の『浮世風呂』（前・上）に、「鶴《つう》さんはお持遊《もちゃ》を落とすまいぞ」とある。モチャはモチャソビの下を略したもの、それにオを付けたのがオモチャだ。この漢字表記はそのことを説明している。

独楽《こま》

源順《みなもとのしたがう》の承平四年（九三四）ころ成立の辞書『倭名類聚抄《わみょうるいじゅしょう》』に、「独楽」の訓をツムクリ、コマツクリとしている。コマツクリは『宇津保物語』（内侍督）にも「されども、こまつくりはた遊ばす」とある。『大鏡』（伊尹《これまさ》）には「この殿はこまつぶりに村濃《むらご》の緒を付けて奉りたまへり」とコマツブリとあり、『今昔物語集』に、「狛鷸」（一九・二）

とあるのもコマツブリと読むとされる（鶻は鳥のシギでツブリとも言った。『今昔』には「独楽」（二〇・六）と書いた例もある）。

コマは下のツクリ・ツブリを省いたものだ。その語源については、「独楽をいふも高麗より出たるか」（谷川士清《ことすが》『倭訓栞《わくんのしおり》』）、「もと高麗より渡りし物にや」（喜多村信節《きたむらのぶよ》『嬉遊笑覧』六下）というのが妥当か。高麗は古代に朝鮮半島の北部にあった国の高麗《こうらい》・高句麗《こうくり》で、日本ではコマと言い、朝鮮半島の意味にも用いた。高麗をコマと読む理由には諸説があるが不明だ。玩具のコマは、朝鮮半島から伝わったものということか。コマについては、「こまはくるまの略語か」（喜多川守貞《もりさだ》『守貞謾稿』遊戯）、「コママハリ（細廻）也」（服部宜『名言通』）、「或ハ、こまハ、細ノ義カ」（大槻文彦『言海』）という説もある。

ツブリについては諸説あるが、「ツブリは独楽の形の円《ツブラ》なるより言ふ名也」（清水浜臣《はまおみ》『答問雑稿』三）、「独楽は形のまろきものなれば、蝸牛を加太豆夫利といふ豆不利と同じ語なるべし」（村田春海《はるみ》『錦織舎《にしごりのや》随筆』上）などの説に従いたい。ツグリは、ツブリの誤り（狩谷棭斎《かりやえきさい》『箋注倭名類聚抄』）、「つぶりノ転」（大槻文彦『大言海』）、『倭名類聚抄』にあった独楽の別名のツムクリの略（『嬉遊笑覧』六下）などの説がある。

中国ではコマを「陀螺・陀羅」と言った。現代語でも「陀螺 tuo luo」だ。「独楽」と書くのは和製漢語かもしれない。

貝《ばい》まわし（絵本御伽品鏡）

べえ独楽《ごま》

ベエゴマは巻き貝のバイ（貝・海蠃）の貝殻を使った「貝（ばい）独楽」の訛ったものだ。一六〇四年にイエズス会が出版した『日葡辞書』の補遺に、

Bai（バイ）　また子どもたちが独楽として使う、この貝または他の巻貝の殻。バイヲ　ウツ　またはマワス。

とあるのが文献初出のようだ。

『和漢三才図会《わかんさんさいずえ》』（一七・嬉戯部）に、「海螺弄（ばいまはし）」は、海螺の空殻《から》を用いて頭の尖りを研《す》って平らにし、尻尖りを摩《す》り円《まる》め、糸縄を巻いて、引いて席《むしろ》や盆の中で舞わす、二三の螺で勝負して、撃《う》ち出された者を負けとする、と説明があり、同書の前項の「独楽」に、海螺は衆《おお》く賭けに用いるが、独楽は賭けをしない、ともある。わたくしも子供のころに、べえ独楽と次のビー玉、面子《めんこ》は学校で禁止されていた。勝った者が取る、一種の賭博だからだ。

『嬉笑遊覧』（六・下）には、鎔《と》かした鉛を少しばかり注ぎこむと、先の尖ったところに入って重くなるので、回すのに勢いが強くなるとある。延宝六年（一六七八）の連句集『大坂檀林《だんりん》

貝独楽
（守貞謾稿・遊戯）

桜千句』（七）に、「ばい廻したたみ重ぬる莚田《むしろだ》に（益友）／鉛と見えて氷柱《つらら》ゐにけり（柴舟）」という付け合いがあり、江戸前期にも鉛を入れたものであったことが分かる。

『嬉笑遊覧』（六・下）には、「今のばいごまは木にて作れり」とある。江戸後期には木製だったようだ。今は鋳物が普通だ。螺旋《らせん》状の溝が付いているのは、巻き貝に似せたからだ。

バイからベイ・ベエになった例は、大正十五年の島崎藤村『嵐』（上）に、

次第に、私は子供の世界に親しむやうになった。よく見ればそこにも流行といふものがあって、石蹴り、めんこ、剣玉《けんだま》、べい独楽《ごま》といふ風に、あるものは流行《はや》りあるものは廃《すた》れ、子供の喜ぶ玩具の類までが時につれて移り変りつつある。

とあるなど、大正時代から見える。

ビー玉《だま》

ビー玉というのは子供が転がしてぶつけて遊ぶガラス玉だ。そのぶつけ方で勝敗を決め、勝った者がその玉を取るのだ。

夏目漱石『明暗』（二三）に、

彼は隠袋《ポケット》の中へ手をぐっと挿《さ》し込んで掌《てのひら》一杯にそのビー玉を載《の》せて見せた。水色だの紫

色だのの丸い硝子《ガラス》玉が迸《ほと》ばしる様《やう》に往来の真中《まんなか》へ転がり出した時、彼は周章《あは》ててそれを追ひかけた。

とある。このあたりが文献初出のようだ。わたくしは子供の時に「ビー玉」という語を知らないで、「玉っこ」と言っていた。

ビー玉の「ビー」は、「ビードロ」の略と言われている。ビードロはポルトガル語 vidro でガラスのことだ。

ラムネの罎《びん》に入れる玉の良く出来て使えるものをA玉、不出来で使えないので玩具にしたものをB玉と言ったのが始まりだと聞いたことがある。正しいかどうか知らないが、一説として記しておく。

面子《めんこ》

今日では、メンコと言えば厚紙のものだが、そうなるまでには歴史があった。

吉川英治の自叙伝『忘れ残りの記』(童戯変遷)の五歳だった明治三十年ころの箇所に、

遊びの中で、もっとも熱中したのは、メンコ、根ッ木、石鉄砲などだった。ぼくらはメンコの絵によって、源義経だの福島中佐などを知り、また見てもいない団十郎や菊五郎を知っていた。(略)紙メンコと鉛メンコとがあったが、紙メンコの裏表に、ロウソクの蠟をこすりつけて磨くと、すばらしい光沢と重厚感が出て来るので、よくお堂の祭壇からロウソクの燃え残りを持って来ては板の間でこすったりした。

とある。紙のメンコの製造はボール紙の国産化と関わる。ボール紙は明治九年に国産が始まり、明治二十七年の日清戦争を契機に飛躍的に増産されるようになった。子供たちが丸くくり抜いたボール紙に本などの絵を貼り付けていたのを、業者が印刷した紙メンコを作るようになった（鷹家春文『めんこグラフィティ』による）。

紙のメンコには、その時代の人気のあるものが色刷りで描かれている。右の吉川の文では、歴史上の英雄、当時の有名人、歌舞伎俳優の絵だが、以後、力士、映画俳優、野球選手、マンガやアニメの主人公などが描かれ、人ではなく怪獣、列車、スーパーカーなどの図柄もあった。裏には単色で表の人の名が書いてあったり、じゃんけんやトランプが印刷してあったりした。

吉川の文にあったように、明治初期には鉛のメンコがあった。明治になって西洋式の活版印刷が普及すると、鉛の生産量が激増し、他の製品への利用が広まって、明治十年ころから、鉛のメンコが作られるようになった。東京・大阪・京都などの大都市で作られていたので、流行したのは都市部を中心とした地域だけで、全国には普及しなかったようだ。薄い鉛の板に武将や力士などの絵柄を薄肉彫りのように模様にしたもので、形は製造地によってさまざまだった。明治三十三年に大阪で幼児が鉛の玩具を嘗めて中毒したことがあり、鉛メンコは発売禁止となった（鷹家春文の前掲書による）。

めんがた
（守貞謾稿・遊戯）

それ以前には土製のメンコがあった。土のメンコについては、柳田国男が水原岩太郎著『備中土面子の図』（昭和八年十二月刊）の序（『老読書歴』所収）に、

> 私の育った中部播磨の一村では、メンコといふ名も知らぬことは無いが、是をメントクといふ子供の方が多かった。古いのは素焼の淡彩のものであって、価もたしか一厘に七八つ位のもの丶やうに覚えて居る。（略）明治二十年に関東の田舎に来て見ると、既に今でもある紙メンコが流行し始めて居て、土製のものは有っても之を顧みる者が無かったのである。二種のメンコの遊び方が丸でちがって居る。土のメントクの遊戯は数種あったが、其中で自分が本来のもの丶やうに思って居たのは、参加者が各二個三個のメンコを出させ、それを親になった年かさの児童が手の内でがら〳〵振って地面の上に撒く。其中の裏を見せたものは脇へのけ表を見せたものだけを又振って、最後にたった一つ残ったメンコの主が勝って、他のメンコを皆収得する。

と述べている。粘土を型に入れて抜いて、乾燥させて素焼きにしたもので、小さくて面をかた

めんち打ち
（吾妻余波・東都子供あそびの図）

どったものが多いので「面子」と言う。

柳田の文にはメンコとあるが、江戸時代にはメンガタと言ったようで、喜多村信節《きたむらのぶよ》『嬉遊笑覧』（児戯）に、「今小児翫びのめんがたは面模《カタ》なり。瓦の模に土を入れて押し抜く也」とある。喜多川守貞《もりさだ》『守貞謾稿』（遊戯）に享保十二年（一七二七）の「目付絵」という商人を描いた物の中に「めんがた」がある。メンチとも言い、これで遊ぶことをメンチョウ（嬉遊笑覧・四・雑伎）、メンチウチ（東京風俗志・下・一二・児戯）とも言った。メンガタはただ土を型に入れて抜いただけの物で、メンコの元になったのは素焼きにした物とも考えられる。あるいはこれがメンチか。

それぞれのメンコの遊び方は、地方により時代により様々なので、記すことを控える。

凧《たこ》

「凧」は地方によってさまざまな呼び方がある。現在はおおまかに、近畿・北陸ではイカ・イカノボリ、関東・中部ではタコ、東北ではハタとなっている（日本言語地図）。寺島良安の正徳五年（一七一五）跋の絵入り百科事典『和漢三才図会』（嬉戯部）に、今は烏鰂（イカ）と云い、関東では章魚（タコ）と謂《い》うとある。関東と関西の違いは江戸時代からのことだった。

このイカノボリにしてもタコにしても、用例は江戸時代からしか見られない。『日本大百科全書』には、「元亀三年（一五七二）端午の節供に松平頼母《たのも》らが浜松大手前で源五郎凧を揚げたと記録にあり」とあるが、拠る所を確認してないし、どう読むのかも分からないので、しばらく措く。イカノボリは、元和六年（一六二〇）にイエズス会のハビアンがキリスト教を棄教して書いた『破提宇子《はだいうす》』（七段）に、「童部共《わらはべども》ノモテアソビ烏賊旗《イカノボリ》ト云フ物ヲコシラヘ、其上ニ蝋《ラフ》燭《ソク》ヲトボシ」、イカは井原西鶴の天和二年（一六八二）刊の『好色一代男』（一・二）に、「同じ友どちとまじはる事も烏賊《いか》のぼせし空をも見ず」、タコは延宝六年（一六七八）に京都から江戸へ来た伊藤信徳が山口信章《しんしょう》（素堂）・松尾桃青《とうせい》（芭蕉）と興行した百韻の連句の発句に「物の名も蛸や故郷のいかのぼり（信章）」（桃青三百韻附両吟二百韻）とあるのが、それぞれ最古と見られる。信徳の句は、この江戸のタコは我が故郷の京都のイカノボリだということだ。ハタは越谷吾山《こしがやござん》の安永四年（一七七五）刊の全国方言辞書『物類称呼』に、「長崎にてはたと云ふ（略）伊勢にてはたと云ふ」とあるのが最古のようだ。

しかしタコにあたる物は平安時代には存在していた。源順《みなもとのしたがう》の辞書『倭名類聚抄《わみょうるいじゅしょう》』に、紙《し》老鴟《ろうし》は紙で鴟《とび》の形にして、風に乗ってよく飛ぶ、紙鳶とも云う（以紙為鴟形、乗風能飛、一云紙鳶）とあるのがタコだと言う。中国からもたらされたと言われる。狩谷棭斎《かりやえきさい》『箋注《せんちゅう》倭名類聚抄』には、「紙鳶」は中国の文献にも見えるが、「紙老鴟」は聞かないとある。「鳶」はトビだから、

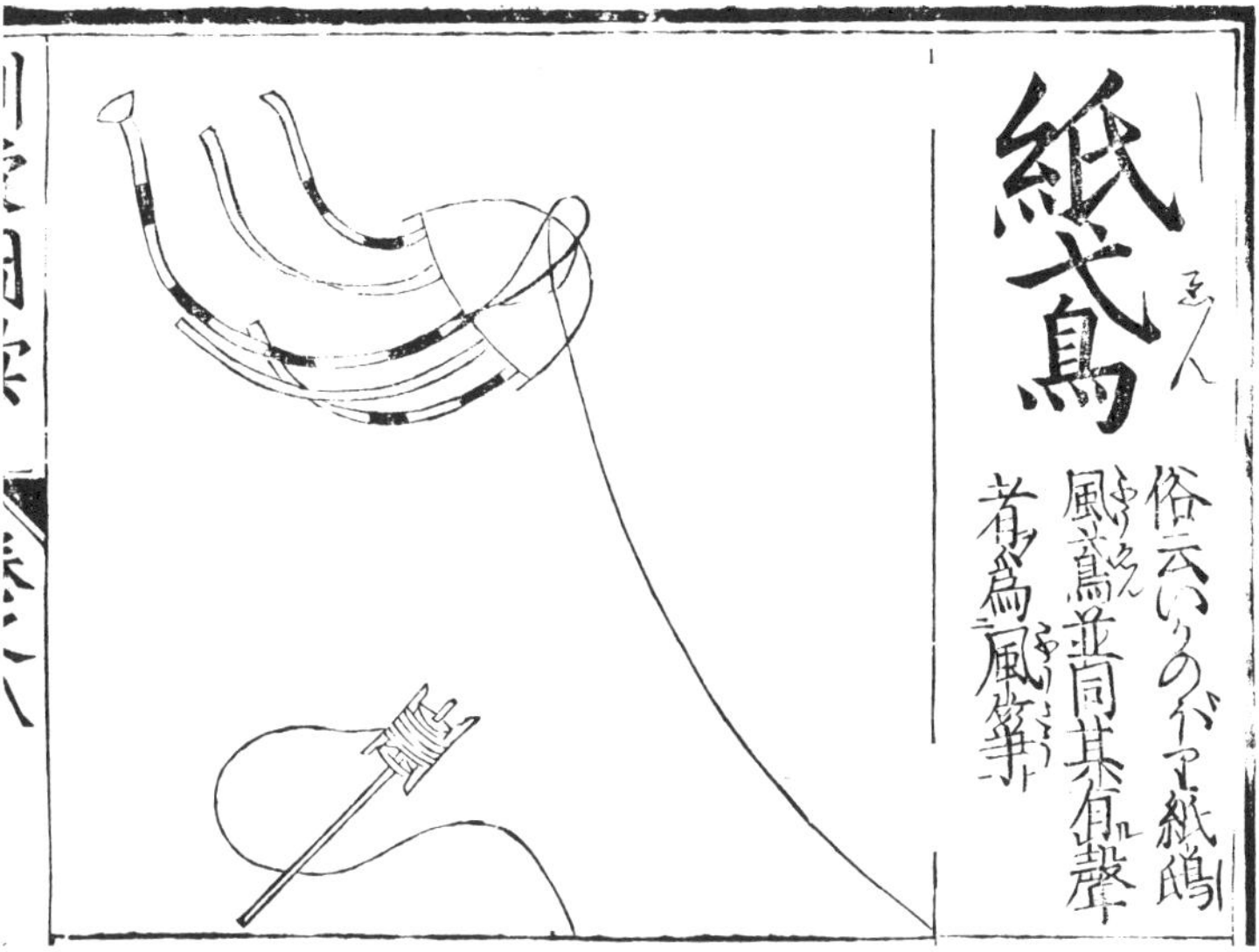

紙鳶（訓蒙図彙・器用一）

「紙鳶」も紙のトビということだ。現代の中国のタコのように鳥が羽を広げた形だったと思われる。紙製品で鳶のようによく飛ぶ物という意味とも考えられる。平安前期の島田忠臣《ただおみ》の詩集『田氏《でんし》家集』（上・四八）に、「侍中局の壁頭に紙鳶を挿せるを看て、諸同志に呈す（看侍中局壁頭挿紙鳶呈諸同志。蔵人所の壁にかけた紙鳶を見て仲間たちに差し出す）」という題の漢詩があり、首聯に、

風前に翼を試みるに紙鳶新たなり。
何事の（由）来ぞ壁塵に挿せるは
（風前試翼紙鳶新　何事□来挿壁塵）
（風に向かって翼を試すのに良いほどにこの紙鳶は新しい。それなのにどうして塵まみれの壁にかけてあるのか。）

とある。

ところが以後は平安後期の辞書『色葉字類抄《いろはじるいしょう》』に「紙老鴟《シラウシ俗》雑芸具」、『類聚名義抄《るいじゅみょうぎしょう》』に「紙老鵄　シラヲシ」とあるくらいで、江戸時代まで和語が見当たらない。

イカとかタコとか言うのは、伊勢貞丈《さだたけ》『安斎随筆』（一〇）に、「イカノボリ　京の詞なり。江戸にてはタコと云ふ。（略）下に長き足を付けたる体《てい》、烏賊にも鮹にも似たればイカノボリともタコともいふなり」とするなど多くの本に同じ説が見える。今は長方形のものか奴凧《やっこだこ》が普通で、足のような紙テープはたいていは二本なので、足が多いとは言えないが、わたくしの知った最古の絵である中村惕斎《なかむらてきさい》の寛文六年（一六六六）序の『訓蒙図彙《きんもうずい》』（器用一）のものを見れば、タコ・イカと言うのが納得できる。

漢字の「凧」は、風の省略形と布きれの意味の「巾」とを合わせた国字で、風に吹かれる布の意味だ。

唱歌「お正月」（東くめ作詞、滝廉太郎作曲。明治三十四年刊『幼稚園唱歌』に初出）に、「お正月にはたこあげて、こまをまわして遊びましょう」とあるように、今は正月の行事とされている。

しかし江戸時代の歳時記では、北村季吟《きぎん》の寛文三年（一六六三）刊『増山井《ぞうやまのい》』に「紙鳶《とびのぼり》　いかのぼり」を二月の語とするのを初めとしてこれを踏襲するものが多い。黒川道祐《どうゆう》の貞享二年刊の京都の年中行事を記した『日次紀事《ひなみきじ》』に、二月から三月まで児童が紙鳶を造って風に乗じて揚げる、これをイカノボリとかタコとか称するとあり、斎藤月岑《さいとうげっしん》の天保九年（一八三八）に出た江戸の年中行事の『東都歳時記』の十一月の中に、「当月ごろより三春の間、小児紙鳶《イカノボリ》をあげて戯とす。関東の方言にはたこといふ」とある。現在、長崎では四月、静岡県浜松市では五月など、各地で行う凧あげの時期はさまざまだ。

明治以後に少なくなったのは、電線が張り巡らされたからだと言われている。

こけし

「こけし」は文政・天保（一八一八―四四）ころからあったと言うが、辞典に載ったのは、昭和二十六年に出た東条操『全国方言辞典』が最初のようだ。

こけし　木の人形。岩手・宮城・山形県村山地方。

とある。東北地方独特のものだから、昭和の初めまでは、広く知られていなかったのだろう。

語源について、柳田国男は、

コケシボコといふ方言の起りは、あの人形の頭の形が、芥子《けし》の実と似て居るからで、之を芥子人形と謂ったのも理由は一つであり、単に芥子粒見たやうに小さいからといふ説明だけが、誤って居るのだと私は思って居るが、（『方言覚書』「ツグリといふ独楽」）

と述べている（ボコは小児・赤子の意味）。『広辞苑』では最新の第六版まで漢字表記を「小芥子」としている。この説に従っているのか。

うめがき・みのる（楳垣実）『江戸のかたきを長崎で』に「こけし」の章があり、詳しく説明している。

①「あの形を「芥子坊主」と見立て、それの小さいのだから「小芥子」だという。」「人形の一種に「芥子人形」というのがあって、極めて小さい豆人形である。」

②「子供の頭の毛を中央だけ丸く残して、まわり全部を剃ったもののことで、「おけし」ともいった。それは芥子の花の花弁が散ったあとの芥子坊主の、中央だけにヘタの残った形とよく似ているからだ。」

③橘文策の説は、「コケシイは「小さい」「かあいい」という意味の形容詞」

④北岡仙吉の説は「「木削子《こけし》」だという。つまり「木を削って造ったもの」の意だという。」

という諸説をあげて否定し、

そこで思いつくのは、コケラの下略語だといわれるコケという語である。コケラは（略）「木の切れっぱし」のことで、（略）そんなに考えるとコケシは「木切れさん」という意味だともいえそうだ。

とする。考えすぎてあらぬ方へ行ってしまったのではないか。

柳田の言うコケシボコという形があったのなら、コケシは小さいとかかわいいとかいう意味のように思う。

双六《すごろく》

いくつかのポケット版の辞典で「すごろく」の語釈を比べてみて、いちばん納得できたのは『明鏡国語辞典』のものだった。

多くの区画を作って絵をかいた紙面を盤とし、数人が順にさいころを振って出た目の数だけ「ふりだし」から駒を進め、早く「あがり」に行き着いた者を勝ちとする遊び。絵双六。

浄土双六（還魂紙料・上）

絵双六は室町後期の「浄土双六」に始まると言う。喜多村信節《のぶよ》『嬉遊笑覧』（四・雑伎）に、絵双六は浄土双六が古く、南閻浮洲《なんえんぶしゅう》（人の住む世界）から振り出し、天堂に上ったり、地獄に堕《お》ちたりして、永沈《ようちん》というところに落ちると出られない、と説明がある。さいころの目は「南無分身諸仏」となっていた。

江戸時代によく見られたのは道中双六のようだ。貞享（一六八四―八八）ころに出来たものか（柳亭種彦《りゅうていたねひこ》『還魂紙料《かんこんしりょう》』（上））。東海道五十三次を順に渦巻《うずまき》状に描いて、振り出しの江戸からさいころの目によって進み、中央にある京都を上りとするものだ。近松門左衛門の浄瑠璃『丹波与作《たんばよさく》待夜《まつよ》の小室節《こむろぶし》』（上）に、丹波国の城主の姫が関東へ下るのを渋っているのを、行列の供に雇われた馬子の少年三吉が道中双六で姫の機嫌を取るところがある。ここでは京都から江戸へと作り変えてある。江戸後期の夏目成美《せいび》（寛延二（一七四九）―文化一三（一八一六））に、「子供の道中双六といふものを打つを見て　東海道残らず梅になりにけり」（成美家集）という俳句がある。梅の花の形の駒を用いていたのだろう。

『嬉遊笑覧』には、「この道中双六に類して、さまざま作り出たるあり。今も毎春新板を擂《す》り出す」とある。山本笑月『明治世相百話』（絵双六の話）に、さまざまな双六のことを記した後に、

双六は微々たる遊戯の具に過ぎないが、時代を反映して風俗、流行、文芸、娯楽その他の研究資料となり、浮世絵の傍系として、美術品としての価値を具へてをり、双六そのものの実質に就ても十分検討されていいと思ってゐる。

と述べている。
明治・大正・昭和には、雑誌の新年号の付録に新しく作った双六が付いた。平成二十七年四月三・四日の紙虫《しみ》之会の古書展の目録に、次の双六が写真入りで載っていた。

明治四十二年　新撰名媛双六　女学世界
明治四十三年　少女遊戯すごろく　少女世界
大正二年　日本名婦双六　婦人世界
大正二年　大正少年双六　少年世界
大正四年　大正少年双六　少年世界（この二つは別の物）
大正四年　家庭教育双六　婦人世界
大正五年　少年活動双六　少年世界
大正六年　少女画報双六　少女画報
大正七年　婦人生ひ立ち双六　婦人世界
大正七年　家庭開運双六　婦人の友
大正十二年　少女競技双六　少女世界
大正十六年　万人熱狂キング双六　キング
昭和十五年　あらわしすごろく　幼年倶楽部

余談だが、大正十五年十二月二十五日に大正天皇は亡くなられたので、大正十六年という年は無い。雑誌の新年号は十二月の内に出るから、後ろから二つ目のような珍しいものが出来るのだ。

明治以後には西洋の双六めいたゲームが輸入された。

幼年時代の我が家にあったルードというゲームは、双六と同じようにさいころを振って駒を進めるもので、四人用で四隅にそれぞれの出発点があり、上がりも別々の場所になっていた。

『新英和大辞典』に、

Ludo《英》さいと数取りと盤面を用いてする一種のさいころ遊び。

とある。昭和初期にでも輸入されたものだろう。双六にはないモダンさが気に入って姉が買い込んだもののか。

昭和四十三年にタカラ（現タカラトミー）から発売された人生ゲーム（The game of life）は、一九六〇年にアメリカのマサチューセッツ州スプリングフィールドに住む二十四歳のブラッドリー（Milton Bradley）が発明して売り出したThe Checkerd Game of Lifeを輸入したものだ。さいころではなくルーレットを使うところが新しく、振り出しや別れ道では自分の意志で方向を決めるなど、ある程度の個人の判断で動かせるところが双六と違う。

平成二十七年五月二十二日の朝日新聞に、奈良市の平城宮址から出土した土師器《はじき》の皿は、朝鮮半島のユンノリに似たゲームの盤に用いたものの可能性があると二十一日に奈良文化財研究所が発表したとある。ユンノリは四本の細い棒を投げ、落ちた時の表裏に応じて駒を進め、先に全部を回った方が勝つという双六に似た遊びで、七世紀ころの百済《くだら》にはあったとされる。さいころを使うのではないが、駒を進めて上がりを目ざす遊びが奈良時代にすでにあったことになる。

室町時代に浄土双六の出来る前から双六はあった。中国の史書『隋書』の「東夷伝」の倭国の箇所（いわゆる隋書倭国伝）に、倭人は「棊博《きはく》・握槊《あくさく》・樗蒲《ちょぼ》の戯を好む」とあり、棊博は囲碁、握槊はすごろく、樗蒲はばくちと言う。

『万葉集』（一六・三八二七）に、

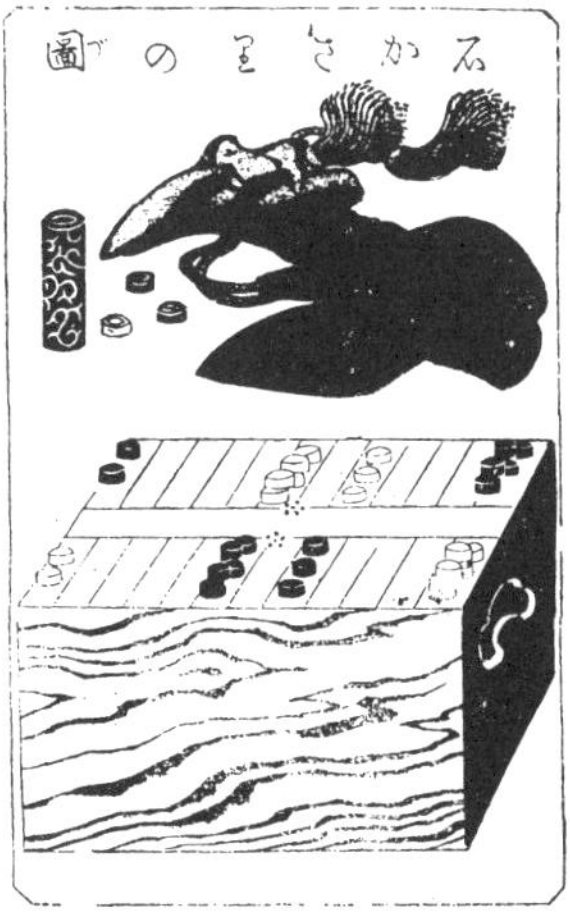

双六（双六独稽古）

一二の目のみにはあらず五三六四さへあ
りけり双六のさえ

という歌がある。源順《みなもとのしたがう》の辞書『倭名類聚抄《わみょうるいじゅしょう》』、『枕草子』（一三九・つれづれなるもの、など）、『源氏物語』（須磨など）などにスグロクとある。それで『万葉集』のは「双六」と漢字で書いてあるが、スグロクと読む。鎌倉時

代ころからスゴロクになった。『平家物語』（一・願立）『平家物語』（一・願立）に、

「賀茂川の水、双六の賽、山法師、これぞ我が心に叶はぬもの」と白河院《しらかはのゐん》も仰せなりける
とかや。

とある「双六」の振り仮名が、写本によってスグロク・スゴロクの両様になっている。

この双六の遊び方は、二人で木製の盤をはさんで向かい合い、それぞれ黒・白の十五個の駒を決まった配列に並べ、長さ一〇センチほどの筒に入れたさいころを交互に振り出してさいころの目によって駒を進め、早く相手の地内《じない》に自分の駒を進め終わった方を勝ちとする。

正倉院御物に木画紫檀双六局がある。長辺の中央に三日月形の象牙が両方に嵌《は》めこんであり、木画（寄木細工）の装飾が施してある豪華なものだ。『鳥獣人物戯画』（甲巻）に、一頭の猿が双六盤をかつぎ、もう一頭が石やさいころなどを入れたとおぼしき包みを持って野原を行く姿が描いてある。

この双六は賭博として行うことが多かったので、持統天皇三年（六八九）十二月八日に双六を禁断したのを初め（日本書紀・三〇）、『延喜式』には「凡《およ》そ双六は身高下を論ずる無く一切禁断す」とあり、以後も朝廷、鎌倉幕府、江戸幕府からしばしば禁令が出ている。この盤双六は幕末ころに衰えた。

双六は中国から伝来したもので、中国でも「双六・双陸」と書く。六と陸とは同音で通じる。

現代中国語でも古代のものを「双六 shuang liu」と言う。「双六」と言うのは、明の謝肇淛《しゃちょうせい》の『五雑組《ござつそ》』（六・人部）の「双陸」の箇所に、双《ふた》つとも六が出たら勝つのだ（若得双六則無不勝也）とある。他の説もあるが、これがすっきりしているので、従っておきたい。

スグロクと読むのは、谷川士清《ことすが》『倭訓栞《わくんのしおり》』には「双陸の音なり」とし、大槻文彦『言海』には、「字ノ朝鮮音ナルベシ」とする。「双」の隋唐時代の音はṣɔŋで、ŋは、長diaŋがチャウであるように、通常はウとしているが、「愛宕（あたご・おたぎ、宕はdaŋ）」のように、ガ行に写した例もあるので、この場合も同様なものと考えておく。

盤双六の起原は、インドとかエジプトとかいう説がある。いま西洋にはバックギャモンbackgammonという同じようなゲームがある。西洋にもあるということからは、エジプト起源説が妥当なのかもしれない。

盤双六は賭博であったのだが、絵双六を中心に考えて子供の遊びに入れた。

2 文芸

文学を「遊び」に入れることを心よく思われないかたもあるかと思う。

文学は、自分の言いたいこと、書きたいものが何であるかを客観的に見詰める心の余裕から生まれるものだ。それは遊びに通ずるものだろう。読者の側からすれば、文学を娯楽として楽しんでいるのだから遊びといえる。

ここには文学から出て別の意味に使うようになった語をいくつか扱う。

挙句《あげく》

尾崎紅葉『金色夜叉』（続続・三）に、

而《さう》して挙句《あげく》が這麼事《こんな》に成つたのも、思へば皆《みんな》那奴《あいつ》のお蔭だ。

とある。行きついた結果が「挙句（揚句）」だ。

本来の「挙句」は、康応二年（一三九〇）ころ成立の梵灯《ぼんとう》庵主《あんしゅ》の連歌論書『長短抄』（下）に、「アゲ句ヲ書キ懐紙（連歌を書く用紙）ヲバトヅベシ」とあるように、連歌・連句の最後の七七の句のことだ。

世阿弥は、「急と申すはあげくの義なり。その日の名残りなれば限りの風なり」などと、能の最後の意味に用いている。狂言『連歌十徳』（大蔵虎明本）では、

湯風呂へ入りてそのあげくには、饂飩《うどん》・索麺《さうめん》・餅・饅頭、さてまた数杯《すはい》のあげくには、良い酒を心のままに強《し》ひたてまつり、

と、最後、結末の意味に用いている。漢文の講義録にも、桃源瑞仙《とうげんずいせん》の文明九年（一四七七）成立の『史記抄』（二・殷本紀）に、「周公ノ謀反ヲ起コスト流言シテアゲクニ誅セラレタゾ」とある。連歌・芸能・漢文学の間の用語の交流を感じさせる。

『史記抄』には、「佞《ねい》ヲ以テ幸ラレテ（へつらいでかわいがられて）、暴富ニナリタガ、アゲクノハテヲ見ヨヤレト、後世ノ人ヲ戒ムルゾ」（一六・佞幸列伝）と、「挙句の果て」と「果て」を添えて最後であることを強調する例も見える。享保二年（一七一七）に出た槙島昭武《まきのしまてるたけ》の辞書『書言字考節用集』（言辞）には「上句終《アゲクノハテ》（俗語）」とある。現在と同じような語感だった。式亭三馬『浮世風呂』（二・下）には、

色々《いろん》な無理八百ウ言っての、困らせぬいたはな。その上句果《あげくつぱて》は何だと思ひなはる。まだ足りねえから、もっと酒え買ってこいだ。

とある。江戸後期にはこんな崩れた形もあった。

「病気揚句」（幸田露伴『風流仏』八・下）、「風邪揚句」（泉鏡花『海異記』五）、「雨降揚句」（島崎藤村『家』下・四）のように、名詞に直接に「揚句」が付くこともあった。同じ『家』（上・九）には、「毎日々々雨の降った揚句で」ともある。

月並《つきなみ》

芥川龍之介が『侏儒の言葉』に「作家所生の言葉」という題で、「振《ふる》ってゐる」「高等遊民」「露悪家」「月並み」等の言葉の文壇に行はれるや

うになったのは夏目先生から始ってゐる。

と証言している。『吾輩は猫である』には、平凡で新鮮みの無いことの意味の「月並」が二十四例ある。いちばん多く集まっているのは、(三)の「月並」を説明する箇所だ。漱石は笑いを狙ってしつこいくらいに書いている。

「しかし月並より好いですよ」と無暗に加勢すると細君は不満な様子で「一体、月並々々と皆さんが、よく仰《おつし》やいますが、どんなのが月並なんです」と開き直って月並の定義を質問する、「月並ですか、月並と云ふと——左様《さやう》ちと説明し悪《に》くいのですが……」「そんな曖《あい》昧《まい》なものなら月並だって好《よ》さそうなものぢゃありませんか」と細君は女人《によにん》一流の論理法で詰め寄せる。「曖昧ぢゃありませんよ、ちゃんと分って居ます、只《ただ》説明しにくいだけの事でさあ」「何でも自分の嫌いな事を月並と云ふんでせう」と細君は我知らず穿《うが》った事を云ふ。迷亭もかうなると何とか月並の処置を付けなければならぬ仕儀となる。「奥さん、月並と云ふのはね、先づ年は二八か二九からぬと言はず語らず物思ひの間に寝転んで居て、此日や天気晴朗とくると必ず一瓢を携へて墨堤《ぼくてい》に遊ぶ連中を云ふんです」「そんな連中があるでせうか」と細君は分らんものだから好《いい》加減な挨拶をする。「何だかごた〳〵して私には分りませんは」と遂に我《が》を折る。「それぢゃ馬琴の胴へメジョオ、ペンデニスの首をつけて一二年欧州の空気で包んで置くんですね」「さうすると月並が出来るでせうか」迷亭は返事をしないで笑って居る。「何そんな手数《てすう》のかゝる事をしないでも出来ます。中学校の生徒に白木屋の番頭を加へて二で割ると立派な月並が出来上ります」「さうでせうか」と細君は首を捻《ひね》った儘《まま》納得し兼たと云ふ風情に見える。

「月並（古くは「月次」と書くことが多い）」の本来の意味は、毎月、月例ということだ。平安時代から例が見られる。

例の月なみの絵も見馴れぬさまに（源氏物語・絵合）

というのは十二か月の風物や行事を描いた絵のことで、

延喜の御時《おほんとき》の月なみの御屏風に、夏果つるに（忠岑《ただみね》集・一七二・詞書）

とあるのは、それを描いた屏風の夏の果ての箇所に歌を添えることだ。毎月催す歌の会は、「月なみの歌のむしろ」（楢葉《ならのは》和歌集・跋）、「月次の和歌の会」（拾遺風体和歌集・哀傷・二一九・詞書）であり、連歌なら「月次の連歌」（菟玖波集《つくばしゅう》・春下・一八二・詞書）だ。

俳諧でも、毎月決まった日に宗匠を中心とする句会が催され、宝暦（一七五一―六四）ころから、宗匠が出した題の発句を集め、定例の日に印刷して返送する月並句合が行われるようになり、幕末に流行して明治に及んだ。

俳諧の改革者である正岡子規は、『俳諧大要』（六）で、

天保以後の句は概《おほむ》ね卑俗陳腐にして見るに堪へず称して月並調といふ

と批難した。毎月の会で作る同じようなありきたりの句を「月並」と言ったのだ。子規は俳句について用いたのだが、漱石はそれを俳句以外の物事の「卑俗陳腐」の意味に用い、それが広く用いられるようになった。後には漱石よりも年長の幸田露伴にも、

　それでも聚楽第《じゅらくだい》に行幸を仰いだ時など、代作か知らぬが真面目くさって月並調の和歌を詠じてゐる。（『蒲生氏郷』）

と用いた例がある。漱石よりも先に文学活動を始めた与謝野晶子も、「薔薇の歌（八章）」という詩に、

もう若さの去った、
そして平凡な月並の苦労をしてゐる、
哀れな忙《せは》しい私が
どうして、そなたの友であらう。

と用いている。

けりが付《つ》く

有島武郎『或る女』（後・二八）に、

　大抵は家内の親類たちとの談判で頭を悩ませられてゐたんだ。だが大抵晁《けり》がついたから、俺れは少しばかり手廻りの荷物だけ持って一足先にこゝに越して来たのだ。

とある。決着する、終了する、解決するの意味で「けりが付く」と言う。

これは和歌や俳句の末を詠嘆の助動詞「けり」で止めることが多いからだと言われている。わたくしの調べた範囲では、明治以後の例しか見つからなかった。

和歌や俳句には、

〇三〇三

山川に風の掛けたるしがらみは流れもあへぬ紅葉なりけり　春道列樹《はるみちのつらき》（古今集・秋下・三

道のべのむくげは馬に食はれけり　芭蕉（野ざらし紀行）

など、「けり」止めのものが多い。それで「けりが付」けば一首、一句が終わることになる。

しかし『百人一首』では「けり」止めは八首なのに、「かな」止めは十二首ある。俳句でも「かな」のほうが代表的な切れ字だ。なぜ「かなが付く」にならなかったのだろうか。

あえて異説を二つ出してみたい。

① 謡曲では、「柴の庵に帰りけり」（鸚鵡小町《おうむこまち》）、「また波の底に入りにけり」（阿漕《あこぎ》）、「夜嵐の音に失せにけり」（安達原《あだちがはら》）、「言ふかと思へば失せにけり」（善知鳥《うとう》）などと、「けり」が付いて終わることが多い。これによるのではないか。

② 井原西鶴『男色大鑑《なんしょくおおかがみ》』（四・二）に、「恋の山さながら見えすきて（恋しても相手にされないことが見え透いて）皆人恐れて其なりけりに十七の時を過ごしぬ」とあるように、そのまま

で終わってしまうことを「それなりけり」と言うことが江戸時代からある。この「けり」が付くということではないか。

合点《がってん》

夏目漱石『坊っちゃん』（一）に、

> 只清は昔風の女だから、自分とおれの関係を封建時代の主従の様に考へて居た。自分の主人なら甥の為にも主人に相違ないと合点したものらしい。甥こそいゝ面の皮だ。

とある。「合点」は同意、納得、承知という意味だ。ふざけて「合点承知の助」と言うこともある。

鎌倉幕府の記録の『吾妻鏡《あづまかがみ》』の承元三年（一二〇九）七月五日の条に、次の記事がある。将軍家（実朝）が夢想によって歌二十首を住吉社に奉った。内藤右馬允知親《うまのじょうともちか》が御使いになった。

> この次《ついで》を以て、去《い》ぬる建永元年（一二〇六）御初学の後の御歌撰卅首、合点の為に定家朝臣に遣はさるるなり。（以此次、去建永元年御初学之後御歌撰卅首、為合点、被遣定家朝臣也）

この後、八月十三日には知親が京都から帰って定家に遣わした御歌に「合点を加へて返し進ず」とある。

「合点」というのは、和歌・連歌・俳諧などの詩歌の批評で、良いと判断したものの右上に付ける斜線や鉤形《かぎがた》の印のことだ。

『吾妻鏡』の弘長三年（一二六三）八月十二日の条には、

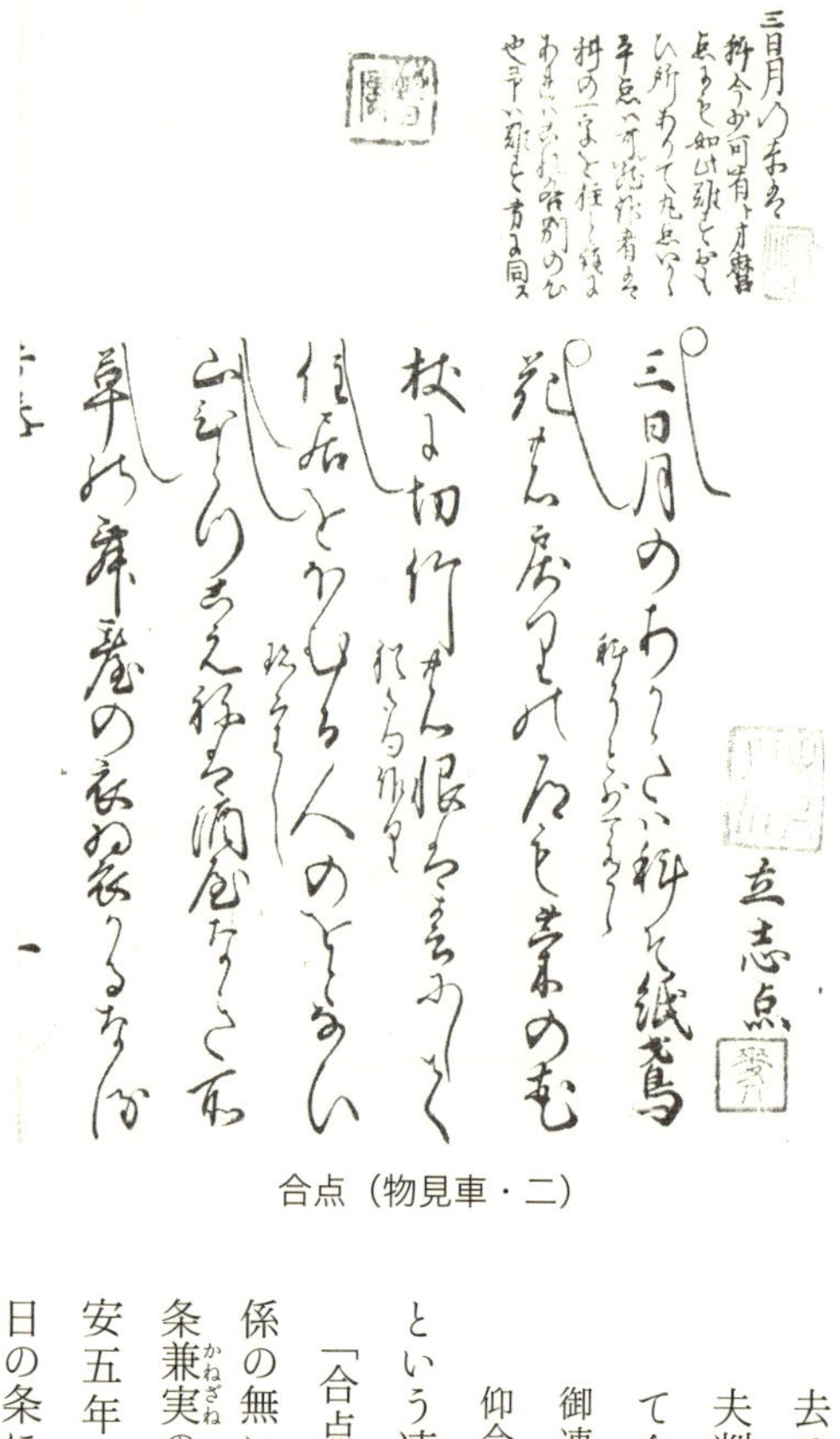

合点（物見車・二）

去ぬる夜の御連歌を大夫判官基隆《もとたか》仰せを奉りて合点すと云云（去夜御連歌。大夫判官基隆奉仰合点云云）

という連歌の例がある。

「合点」には文学とは関係の無い用法もあった。九条兼実《かねざね》の日記『玉葉』の承安五年（一一七五）正月五日の条に、

件《くだん》の勘文《かんもん》は叙すべき者に合点せらるるなり（件勘文可叙之者被合点也）

とあるのは、文書、特に人名を書き並べた文書に諒承の意味で付ける鉤形の印のことだ。『保元物語（金刀比羅本）』（上）に、鳥羽法皇が亡くなった後で、崇徳上皇が謀叛《むほん》を思い立つことを、

もつともしかるべきよし、がってん申されける上は、子細に及ばず。御謀叛のこと早く思《おぼ》

しめし定めけり。

と述べている。この「がってん（合点）」は、今と同じで、承知、納得、同意の意味だ。
二つ目の文書での諒承の意味から、一般の諒承の意味に広がったのだろう。
夏目漱石『行人』（友達・三二）に

僕がえゝ早く帰りますからおとなしくして待って居らっしゃいと返事をすれば合点〳〵をする。

とあり、有島武郎『或る女』（前・一四）にも、

葉子はいかにも同情するやうに合点々々した。

とある。何度もうなずくことを「合点合点」と言った。

絶句《ぜっく》

夏目漱石『野分』（一一）の、講演をしている場面に、

何か云ふだらうと思って道也先生は二十秒ほど絶句して待ってゐる。誰も何も云はない。

とある。ここでは意図して話を中断することに用いているが、普通は話している途中で言葉に詰まることが「絶句」だ。『鹿苑日録《ろくおんにちろく》』（京都相国寺の塔頭《たっちゅう》（境内にある小寺）鹿苑院の歴代の院主の日記）の永禄九年（一五六六）十月十二日の条に、北野天満宮へ参詣して詩を作りたかったが、「然《しか》りといへども予や口絶句ず。笑ふべし（雖然予也口絶句。可笑）」とあり、室町時代にはこの

意味に用いていた。式亭三馬『浮世風呂』（三・下）には、浄瑠璃語りの悪口に「その筈さ。なまるに、絶句するに、本があっても読めねえから、無本同然」と言うところがあり、江戸時代には普通に用いていたことが分かる。しかし辞典に載ったのは『大日本国語辞典』（大正六年）に、

㈡演説又は誦読の際などに、語句につかへて中絶すること。特に、俳優が台詞（セリフ）を忘れて中絶するにいふ。

として『浮世風呂』の例を挙げたのが最初のようだ。

『大日本国語辞典』での㈠は、

漢詩の一体。起・承・転・結の四句より成る。もと律詩の中の二つの対句を截ちて、首尾のみより成り立ちたるもの。

というものだ。専門的になるがもう少し詳しくすると、漢詩は大きく「古体詩」と「近体詩」に分けられる。古体詩は定まった型がなく一句の数や句数、韻の踏み方が自由な詩で、近体詩（今体詩）は唐代以降に作られた一定の型に従って作られた詩だ。その近体詩の八行のものが「律詩」で、四行のものが「絶句」だ。一句が五字のものを「五言絶句」、七行のものを「七言絶句」と言う。

「絶句」の語源について、『大漢和辞典』に諸説が出ている。

① 四句中に不尽の意を含めて妙絶であるから。
② 四句各々一事を詠ずるから。
③ 律詩の前四句、又は中・後の四句を截断したものといふ。
④ 聯句の一半を截取したもの。
⑤ 古詩中から截取したといふ。
⑥ 四句の詩を長く続かない句、即ち断句といひ、それより一転して絶句といふ。
⑦ 前後断絶して対偶に拘らぬところから名づく。

『大日本国語辞典』は③説によっている。

日本では、菅原道真の詩文集『菅家文草』（二）に「絶句十首、賀諸進士及第」（絶句十首、諸進士の及第を賀す）という題で、

七々頽齢是老生（七七の頽齢《たいれい》是れ老生）
誓云未死遂成名（誓ひて云ふ未だ死なじ遂《つひ》には名を成さむと）
明王若問君才用（明王若《も》し君が才用を問はば）
更幹差勝風月情（更幹差《まさ》勝らむ風月の情）

を初めとする十首（一二九―一三八）が載っているなど、平安前期から見える。『源氏物語』には宴会の場面に、「おのおの絶句など作りわたして」（松風）、「ただの人（詩文の専門家ではない

人）は、大臣《おとど》を初めたてまつりて、絶句作りたまふ」（少女《おとめ》）とある。

㊁は㊀とは意味の上で関わりが無いように見えるが、㊀が元になって用いるようになったのだろう。

中国には㊁の意味の「絶句」は無いようだ。『大漢和辞典』は『大日本国語辞典』によったのだろう、『浮世風呂』の例を挙げるだけだ。現在の中国語では、「張口結舌・唖口无（無）言」と言うそうだ（小学館『日中辞典』）。

結句《けっく》

前項にあるとおり、絶句の第四句が「結句」だ。絶句に限らず詩文の最後の一句を「結句」と言う。

わが国でも、藤原浜成《ふじわらのはまなり》の宝亀三年（七七二）成立の歌論『歌経標式《かきょうひょうしき》』に、「あづさゆみ・ひきつのべなる・なのりそが・はなのさくまで・いもにあはぬか（原文は万葉仮名）」の歌の「是妹不相鹿者是為結句（是の妹《いも》にあはぬかは是れ結句と為す）」とあるなど、歌の最後の句の意味に用いている。日蓮の『立正安国論』には、法然の『選択《せんじゃく》本願念仏集』を引用して「又最後結句文云」と記す。

近代でも徳富蘆花の大正二年刊『みゝずのたはこと』（春七日・春雨）に、

> つく〴〵見て居る内に、英国の発狂詩人ワットソンの God comes down in the rain 神は雨にて降《くだ》り玉ふ、と云ふ句を不図《ふと》憶《おも》ひ出した。其れは「田舎の信心」と云ふ短詩の一句である。

全篇は忘れたが、右の句と、「此処《ここ》田舎の村にては、神を信頼の一念今も尚《なほ》存し」と云ふ句と、結句の「此れぞ田舎の信心なる、此れに越すものあらめやも」と云ふ句を覚えて居る。

と、近代の詩に用いている。

そこから慈円の『愚管抄』(四・後三条)に、後三条天皇ほどの聖主は物事の結末について、「ヒシト結句ヲバシロシメシツツ御沙汰ハアル事ナレバ」と記すような、物事の最後、結末の意味に広げて用いるようになった。

久安六年(一一五〇)四月八日に書かれた「藤原氏女家地券紛失状案」(平安遺文・〇二七〇〇)という文書に、二月九日の夜に火事があり、

氏女宿所為火本、結句倉内仁火入天、材宝重書等悉令紛失畢(氏女の宿所火本為《た》り、結句倉内に火入りて、材宝重書等悉く紛失せしめ畢《をは》りぬ)

と記してある。この「結句」は、最後には、結局という意味の副詞に用いている。

永井荷風の昭和十二年作の『濹東《ぼくとう》綺譚《きたん》』(七)に、女が娼婦になったことを「身を落すなら稼ぎいゝ方が結句徳だもの。」と言うところがある。現在は「結局」と言うのが普通だろう。『学研国語大辞典』に「やや古風な言い方」とある。

これについては、石原正明の享和三年(一八〇三)刊の『年々随筆』(四)に、「物事の果ての

ことを結句といふ。四五百年来の消息に多く見ゆ。詩の結句より移れり。今はあげくと言ふ。連歌の挙句より移れり」と説明してあるのが妥当だろう。

予想に反したことになるのに「結句」を用いることもあった。有島武郎『或る女』（後・二五）に、

東京に帰ってから叔母と五十川《いそがは》女史の所へは帰った事だけを知らせては置いたが、どっちからも訪問は元よりの事一言半句《いちごんはんく》の挨拶《あいさつ》もなかった。責めて来るなり慰めて来るなり、何んとかしさうなものだ。余りと云へば人を踏みつけにした仕業だとは思ったけれども、葉子としては結句それが面倒がなくっていゝとも思った。

とある。それどころか、かえって、の意味だ。これが発表された大正八年には普通に用いられていたことになる。こちらも、『曾我物語』（七）に、

五郎は許さるることはかなはで、けつく後《のち》の世までと、深く勘当せられて、前後を失ひ、物おもひはててぞ（物をも言はでぞ？）ゐたりけり。

とあるなど古くから見えている。

現在の中国語では「結果」としか言わないそうだ（小学館『日中辞典』）。『大漢和辞典』でも、副詞のほうは日本の用例しか載っていない。

3
雅楽

雅楽は、上代から日本にあった簡単な舞を伴う神楽歌・久米歌《くめうた》に、中国・朝鮮半島を経て日本に伝わった音楽と舞が融合して、平安時代には完成していた。皇室で保護してきた芸能で、庶民にはあまり関係がないようだが、長い歴史があるからだろうか、その用語が思いがけないところに使われている。

楽屋《がくや》

劇場で出演者が準備したり休んだりする舞台裏などにある部屋が「楽屋」だ。世阿弥の『風姿花伝』(三)に、申楽《さるがく》(能楽)に人が集まって静まらない時には静まるのを待つと、「見物衆《しゅ》、申楽を待ちかねて、數万人《すまんにん》の心一同に、遅しと楽屋を見る所に、時を得て出《い》でて、一声《いっせい》をも上ぐれば、」観客の心が演者の「振舞ひに和合してしみじみと」なるので、その日の申楽は成功だ、とある。申楽の役者の出て来る所を楽屋と言っているから、今の意味と同じだ。

平安時代から「楽屋」はあった。『宇津保物語』(内侍督)に、貴婦人が琴を弾くと、「皆人、上中下《かみなかしも》、楽人どもも、楽屋の遊び(演奏)の人も遊びやみて」ということがある。雅楽を演奏する場所が、「楽屋」で、そこが演奏者の休息する場所になることもあった。『年中行事絵巻』(七)に、正月八日からの七日間、大内裏の正殿である大極殿《だいこくでん》の前で国家の安寧を祈った御斎会《ごさいえ》という法会が描いてあり、その中の二つの場面に楽屋が描かれている。どちらも二つずつの

楽屋（年中行事絵巻、『日本の絵巻』8、中央公論社より）

仮設の小屋で、屋根に布を張り、一図では周囲に布を垂らしてあり、もう一図では周囲の布を少し下ろしてある。

楽屋は能楽に受け継がれ、江戸時代の芝居にも言うようになって行った。

森鷗外の随筆『歴史其儘と歴史離れ』に、小説『山椒太夫』の素材について記した後に、

わたくしが山椒大夫を書いた楽屋は、無遠慮にぶちまけて見れば、ざっとこんな物である。

と述べている。一般の人には見えない所の意味から、物事の内情、真相も「楽屋」と言うようになった。江島其磧《えじまきせき》の宝永八年（一七一一）刊の小説『傾城禁短気《けいせいきんたんき》』（二・二）に、「楽屋を見ぬが花」とあるのがその古い例だ。

二《に》の舞《まい》

壺井栄『二十四の瞳』（七）に次の会話がある。

「なんでお母さんは、わたしを教師なんぞにならしたの、ほんとに。」
「え、ひとのことにして。おまえだってすすんでなったじゃないか。お母さんの二の舞ふみたくないって。……」

舞と言うことから分かるとおり、舞踊から出た言葉だ。

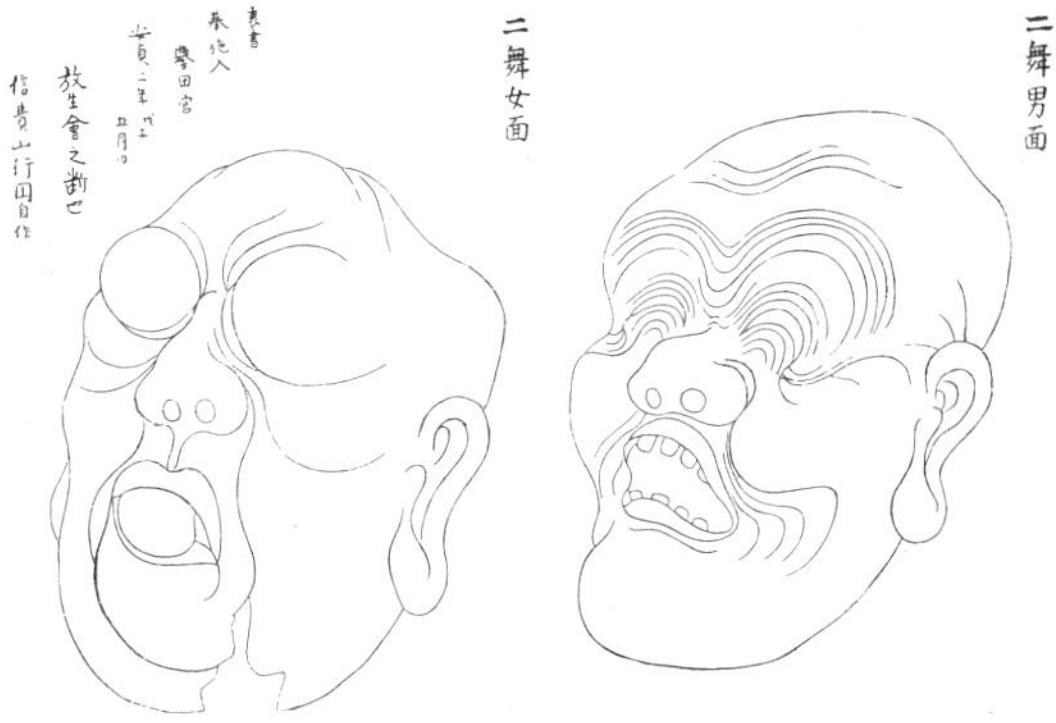

二の舞の面（集古十種・楽器・四）

舞楽（舞を伴う雅楽）に「案摩《あま》（安摩）」という曲がある。奈良時代に林邑《りんゆう》（インドシナ半島南東部にあったチャム族の王国）の僧の仏哲が伝えたものを、承和年間（八三四―八四八）に大戸清上《おおとのきよかみ》が改作したものと言う。二人の舞人が、雑面《ぞうめん》という厚紙に目・鼻・口を描いた面を付け、衣冠に笏《しゃく》を持って地鎮の意をかたどった舞をする。これが終わると、それを見ていた二人の舞人が、老爺の笑い顔の咲面《えみめん》と老婆のただれた顔の腫面《はれめん》を付けて、案摩の舞をまねて滑稽《こっけい》なしぐさで舞う。これが「二の舞」だ。『徒然草』（四二段）に、のぼせる病気で目・眉・額などが腫れた人を「二の舞の面のやうに見えけるが」と記している。これは腫面だろう。

それがもとになって、人の後からその真似《まね》をすることを二の舞と言う。『栄花物語』（衣の珠）に、藤原斉信《なりのぶ》が出家した藤原公任《きんとう》に、「月日を過ごしている内に、出家することで先を越されてしまったので、〝今は二の舞にて、人の御まねをするになりぬべきがくちをしきなり（残念だ）〟」と言うところがある。すでに平安時代にも人まねの意味に用いていた。

二《に》の句《く》

三島由紀夫『金閣寺』（四）に、「吃《ども》れ！　吃れ！」と柏木は、二の句を継げずにゐる私にむかって、面白さうに言った。

とある。驚いたりあきれたりして、次に言う言葉が出てこないことだ。「二の句」は「継げない」と言うのが普通だ。

雅楽の朗詠で詩句を三段に分けて歌う時、一段目を一の句、二段目を二の句、三段目を三の句と言う。一の句は低音域、二の句は高音域、三の句は中音域で歌う。その高音を続けると息が切れることがある。だから二の句が継げないのだ。

乙《おつ》

夏目漱石『吾輩は猫である』（一〇）に、「妙齢の女性が学校で覚え立ての小笠原流で、乙に気取った手つきをして茶碗を突き付けたのだから、坊主は大に苦悶の体に見える。」とある。普通とは違っている、場合によってはしゃれて気が利いているのがオツだ。

「乙」は甲乙丙丁……の二つ目だから、第二位、順位の二番目の意味に使うことが多い。

音曲の分野にも「乙」という言葉がある。これも本来は二番目ということだろうが、高い音を「甲（こう・かん）」と言うのに対して、一段低い音や調子を「乙」と言う。文治元年（一一八五）成立の『管絃音義』に「夫《そ》れ返音は、先づ調子乙音に従ひ、二重高音以て次の調子の甲音と為《な》す。此の甲音に従ひて、三重下音以て乙音と為す」（原漢文）と「乙音」とあるのが最古の例か。『太平記』（二一）には、平家琵琶について甲・乙を言うことがあり、『義経記』（三）に「弁慶が甲《かふ》の声、御曹司の乙の声入り違へて」とあるのは『法華経』を読む場面でのことだ。

江戸時代でも、井原西鶴の貞享元年（一六八四）刊『諸艶大鑑《しょえんおおかがみ》（好色二代男）』（三・三）に、「自然とここの小唄は低う、物言ひまでもおつへ入りて物静かなり」とあるように、低い声をしんみりとして好ましいものとしている。

江戸中期の江戸では、明和七年（一七七〇）刊の洒落本『辰巳之園《たつみのその》』に、

「尾張屋で珍しいものを呼びやした」

「誰をェ」

「このごろ名代の六部女郎さ」

「おつな子だねェ」

という会話がある。音や声とは関係なく、ちょっと変わったという意味になっている。慶応三

年（一八六七）に出たJ・C・ヘボン（Hepburn）の『和英語林集成』にも、

OTSZ-NA, ヲツナ, a.Strange, odd, unusual, singular.（奇妙な、変な、普通でない、並外れた。）

としている。

まとめると、低い音が元になってそれからちょっと変わった面白さになったのだろう。「甲高《かんだか》い」も低音の「乙」に対する高音の「甲」から出来た言葉だ。明治四十二年に永井荷風がレニエエの詩を訳した「仏蘭西の小都会」に、「洗濯屋の杵と鍛冶屋の槌の音、／打騒ぐ幼児《をさなご》の甲高くやさしき叫び。」（大正四年刊『珊瑚集』所収）とあるなど、明治末期から用例が見られる。ということは、江戸時代の音曲ででも用いたのが起こりなのだろう。

打《う》ち合《あ》わせ

夏目漱石『坊っちゃん』（二）に、主人公の坊っちゃんが中学校に着任した場面に、

挨拶が一通り済んだら、校長が今日はもう引き取ってもいい、もっとも授業上の事は数学の主任と打ち合せをしておいて、明後日から課業を始めてくれと云った。

とある。

初めて教師になった時に、毎日打ち合わせをするのに驚いたが、慣れると、いつも何か伝達事項があるので、しないわけに行かないのだということを知った。ところがその後に勤めた学校では打ち合わせなどしないで、必要なことは掲示などで済ませていたので、必ずしも必要で

もないと悟った。

会議や話し合いで、何を「打って合わせる」のか。

楽器を演奏することを「打つ」と言う。「打ち合わせ」は合奏のことだ。『源氏物語』（若菜・下）の住吉大社で舞踊を奉納する場面に、「笛の音《ね》も外《ほか》にて聞く調べには変はりて身にしみ、琴に打ち合はせたる拍子《ひやうし》（笏《しやく》を縦に二つに割った形の調子を取る楽器）も鼓を離れて調へ取りたる方」とある。合奏から、うまく合うようにすることを言い、そのために前もって話し合いをすることを言うようになったのだろう。

話し合いを言う例は、森鷗外の『舞姫』に「ひと月ふた月と過す程に、おほやけの打合せも済みて、取調も次第に捗《はかど》り行けば」とあるなど、近代のものしか見当たらないようだ。

呂律《ろれつ》

都の錦という作者が元禄十五年（一七〇二）に出した盗賊を扱った小説『沖津《おきつ》白波《しらなみ》』（一・三）に、源頼光《みなもとのらいこう》が酒顚童子《しゅてんどうじ》に酒を飲ませたので、「すでに夜いたく更けぬれば、童子も今はろれつの回らぬ程になり、前後を忘れてそのままその座に酔《ゑ》ひ倒れ、高鼾《たかいびき》して寝入りける。」となったとある。舌が回らないで言葉がはっきりしないのをロレツが回らないと言う。式亭三馬の『浮世風呂』（四・下）に、「コウ、豕公《ぶたこう》、この頃は本当に、呂律《ろれつ》が廻って来たぜ。」とあるが、ロレツが回らないと言うのが普通で、この例などは、それを踏まえてヒネった表現だ。

元禄六年（一六九三）に出た『男重宝記《なんちょうほうき》』（五）の「片言直し」の中に、「ろれつがまはらぬは、呂律《りょりつ》なり」とある。リョリツが本来の形で、ロレツはそれの訛ったものだ。

雅楽では、十二の音からなる音階を陰と陽に分け、陰に属する音を「律」、陽の音を「呂」と言う。陰陽の音から音へ移れないのが「呂律が回らない」で、そこから舌が回らないで言葉が明瞭でないことを言うようになった。

やたら

夏目漱石『吾輩は猫である』（三）に、「あんなに本を買って矢鱈に詰め込むものだから人から少しは学者だとか何とか云はれるんですよ」とある。秩序・順序が無い、並はずれている、などを「やたら」と言う。「矢鱈」は当て字だ。

元禄八年（一六九五）に出た芭蕉門の句集『笈日記《おいにっき》』（中）に、「つつじに木瓜《ぼけ》の照りわたる影（左次）／春の野のやたらに広き白河原（巴丈）」という句があるのが古い例だ。

語源について、谷川士清《ことすが》の辞書『倭訓栞《わくんのしおり》後編』、小山田与清《ともきよ》の考証随筆『松屋筆記《まつやのひっき》』（八五）などに、雅楽の「八多羅拍子《やたらびょうし》」から出たと言う。「やたら拍子」というのは二拍子と三拍子とを繰り返すもので、『松屋筆記』では拍子を早くするのを言うとしている。堀井令以知『日本語語源辞典』（昭和五八）も、「拍子が早く、調子が合わぬので、むやみの意になったか。」とする。田辺尚雄『邦楽用語辞典』（昭和五〇）は、「夜多羅拍子」として、「古く天王寺の専用であった頃、他流の楽人が秘かにこれを盗み聞いて合奏してみてもうまくゆかず混乱するので、いいかげんにやることを〝ヤタラにやる〟という俗言が生じたという。」とする。それにしても拍子の名であるヤタラとはどういう言葉だったのか。『邦楽用語辞典』には、「一説にインド古語とも言われる。」とする。

別の語源説もある。大槻文彦は、『言海』では、「楽ニ、やたら拍子トイフアリ、夫レヨリ起レル語ト云」としていたが、後の『大言海』では、「彌足《ヤタリ》ノ義、又、彌当《ヤツアタリ》ニ縁スル語カ」とした。箕田憙貞《みたきてい》が享保十二年（一七二七）に著した俗語語源辞書『志不可起《しぶかき》』には、堀切などがあって往来しにくい「谷田《やた》」を厭わずに押して通ることかとある。百井塘雨《ももいとうう》の天明末年（一七八九）ころ成立の随筆『笈埃随筆《きゅうあいずいひつ》』（五）には、日向（宮崎県）で、谷々から薪を伐って流し捨てたのがおびただしく落ち下るのをヤタラというそうで、畿内（近畿地方）で数限りないのをヤタラというのもこういうことから言い習わしたものかとする。

図《ず》に乗《の》る

幸田露伴の『五重塔』（一六）に、「縁に引かれ図に乗って其《それ》から其へと饒舌《しゃべ》り散らす中《うち》」とある。思い通りに事が運び、調子づいてつけ上がるのが「図に乗る」だ。

井原西鶴の『日本永代蔵』（二・四）に、紀伊（和歌山県）の天狗源内という捕鯨家の繁盛ぶりを、「檜木《ひのき》造りの長屋、二百余人の猟師をかかへ、舟ばかりも八十艘、何事しても頭《づ》に乗って、今は金銀うめきて」と描いてある。江戸時代にはこんなふうに「頭に乗る」と書いたものが多く見える。

これの語源をつきとめたのは国文学者の橘《たちばな》純一だ。『国語解釈』という雑誌の昭和十二年二月号のコラムに、

「図に乗る」といふ慣用句の「図」は、「図竹」の「図」であらう。「図竹」は音楽の十二律を正しく示す調子笛であり、その正しい調子を示すものを「図」とのみも言ったことは、徒然草の二百二十段に、

天王寺の伶人（音楽を奏する人）の申しはべりしは、「当寺の楽はよく図を調べ合はせて物の音のめでたく整《ととの》ほりはべること、外よりも勝れたり。故は太子（聖徳太子）の御時の図、今に侍るを博士《はかせ》（標準）とす。いはゆる六時堂の前の鐘なり。……」

とあるのでわかる。（徒然草の本文の表記を改め注を入れた）

と説明している。

「図」というのは日本式ピッチパイプということか。

「作戦が図に当たって大勝利だった。」などと言う「図に当たる」も同じ語源だろう。江島其《えじまき》磧《せき》の小説『けいせい伝授紙子』一七一〇（三・五）には、「邪《よこしま》なる巧《たくみ》は智恵袋をふるうても思ふやうに図に当たらず」とあるように、これも江戸中期には見える語だ。

太平楽《たいへいらく》

森鷗外『雁』（一四）に、「それはあなたは太平楽を言ってゐられますでせう」とある。好き勝手なことを言うことを「太平楽」という。天明五年（一七八五）初演の浄瑠璃『伽羅先代萩《めいぼくせんだいはぎ》』（七）に、「口から出ままの太平楽」とあるなど、江戸中期から見える。

辞書では明治三十一年に出た落合直文『ことばの泉』に、「㈡勝手次第の語を吐くこと。ごたらく。てへいらく。「たいへいらくをならべる」俗語」とあるのが最初のようだ。

「太平楽」はもともとは舞楽の一つだ。楚の項羽と漢の劉邦《りゅうほう》が鴻門《こうもん》で会見した時に、劉邦を殺そうとする項荘とそれを阻止しようとする項伯とが剣を抜いて舞ったのを摸したものという。四人の舞人が甲冑姿で剣を持って舞う。

大宝二年（七〇二）正月十五日に宮中で「五常・太平楽」を奏した（続日本紀・二）。『枕草子』（二一六・舞は）、『源氏物語』（若菜・下）などにも見え、よく知られた曲だ。

その意味がズレたのはなぜか。金田一春彦『続日本古典語典』に、

中・近世の民族音楽に先立って、上代・中古に栄えた大陸渡来の音楽ならびにそのイミテーションが「雅楽」。——これは大陸の風土的特質を伝え、しかも宮廷貴族の世界のものときているから、気短かな日本人好みの近世歌謡から見るといかにも悠々たる楽の運びに接するが、その中でも『太平楽』という曲が悠長の代表としてマークされる羽目になった。

とする。「太平楽」を選んだのは、何事も無くのんびりしていることを「天下太平」と言うこととも関わるのかもしれない。

千秋楽《せんしゅうらく》

今では千秋楽と言うと、演劇や相撲などの興行の最後の日のことと思うのが普通だろう。特に相撲の最後の日の結びの一番で、行司の木村庄之助が、「番数も取り進みましたるところ、かたや〇〇、こなた×××、この一番にて千秋楽にござります。」と言うのを二か月に一度はテレビで見る。

「千秋楽」とは、舞を伴わない雅楽の曲名で、『教訓抄』(六)に、後三条天皇(在位一〇六八―七二)の時代の康治三年(一一四四)に監物頼吉《けんもつよりよし》が造った曲とある(天皇と年号との間に矛盾があるが、追求しようがないのでそのままとする)。

最後を言うようになったことについて、①江戸後期の小山田与清《ともきよ》『松屋筆記《まつのや》』(八六)に、「今の俗、能狂言・雑劇《しばゐ》の終はりを千秋楽と言へり。こは法会などの終《はて》に千秋楽を奏するより転《うつ》れりと見ゆ」とあり、大槻文彦『大言海』もこれに従う。②日置昌一『話の大事典』(昭和二六)では、①説を記した後に、「或いは祝言の能高砂《たかさご》の終りに千秋楽の文章があるのから始まったものという。」とする。『演劇百科大事典』(昭和三五)では、②説を「一説に、……「秋《しゅう》」は「終《しゅう》」に通音し、「楽《らく》」は「落《らく(らっ)》」のおちつく語義に通じ、ともに終了を現わしており、たまたま雅楽名中に「千秋楽」があって、しゃれを好む江戸の戯作者が用いはじめた語であろう。」と敷衍《ふえん》し、③別に「江戸時代は秋興行および顔見世興行の最終日のみに使われ、その日には俳優一同が舞台に並んで口上を述べ、太夫元が立って千秋楽の舞を舞ったためにその名が起った。」とも記す。②説は謡曲『高砂』の最後の「千秋楽は民を撫で、万歳楽には命を延ぶ。相生《あひおひ》の松風、颯々《さつさつ》の声ぞ楽しむ。颯々の声ぞ楽しむ」の部分を「千秋楽」という小謡《こうたい》として祝儀などに歌うことがあることを言う。

どれが正しいのか。『古今著聞集』（管絃歌舞・二八一）、『増鏡』（老のなみ）に、法会で演じたいくつもの曲を並べてある中でいちばん最後に「千秋楽」とあることから考えると、①説の法会の最後に演奏するというのが当たっているのかもしれない。

永井荷風『腕くらべ』（五）では、「昨日明治座が千秋楽《らく》になったから二三人で約束してこゝへ花を引きに来たのであるが、まだどうしたのか誰も来ないと云ふのである。」と「千秋楽」を略してラクと言っている。明治二十五年の山田美妙の『日本大辞書』の「せんしう・らく」の項に、「（二）演戯ナドノ終リ。＝ラク。」と見えている。坪内逍遥の『当世書生気質』（二）には、「先生、もう鬼ごっこも終局《らく》にしやせう」とある。物事の終わりを言うこともあったようだ。大槻文彦『大言海』の「せんしうらく（千秋楽）」の項には、「略シテ、らく（楽）ト云ヒ、興行不成立ニハ、倒ニくら（楽）ト云ヒ、おくらニナルナド云フ。」とある。わたくしは「おくら」は御蔵で、しまいこんで出さないことだろうと思っていたので、これは新発見で、しかも思いがけないことに字を逆さに記してあるのが楽しかった。

後生楽《ごしょうらく》

式亭三馬の『浮世床』（初・下）に、「あの地震を知らねえとは後生楽《ごしゃうらく》だの。」と言うところがある。何でも深く気に留めないこと、のんきなことを「後生楽」と言う。

『浮世床』（二・上）には、「その代《だい》（かわり）においらがやうな者は、死んでも取り殺す気はねえ。そこは後生楽だ。」ともある。こちらは少し意味が違って、死後も安楽で安心なことを言っている。

雅楽に「五常楽（五聖楽）」という曲がある。唐の太宗が仁・義・礼・智・信の五常に宮・商・角・徴・羽の五声を配して作ったものという。平安時代には日本に伝わっていて、演奏されている。

この五常楽を曲解する話が、『平家物語』（一〇・千手前）、『吾妻鏡』（三）にある。一の谷の戦いで源氏に捕らえられて鎌倉に送られた平重衡《たいらのしげひら》を慰めるために、元暦元年（一一八四）四月二十日に源頼朝が臣下を遣わして宴席を催す。その席で、五常楽を演奏すると、重衡は「この楽《がく》をば普通には五常楽と言へども、重衡がためには後生楽とこそ観ずべけれ、やがて往生の急《きふ》を弾かん」と言い、琵琶で皇麞《おうじょう》という曲の急（末の章）を弾く。「五常楽」を「後生楽」に、「皇麞」を「往生」にとりなして、後生が安楽である音楽と考え、極楽往生を急ごう、とふざけたのだ。この話などがもとになって死後の安楽の意味の「後生楽」という語が出来、死後も安心なら気楽でのんきだという意味にも使うようになったのだろう。

めりはり

最後に能楽からの語を一つ。

高村光太郎の昭和十三年の随筆『九代目団十郎の首』に、

団十郎は鼻下長である。彼の長い鼻下と大きな口裂と厚い唇とはあらゆる舞台面上工作の根拠地である。……とにかく清正の髯は此所に楽に生え、長兵衛の決意は此所でぐっときまり、鷺娘の超現実性も此所からほのぼのと立ちのぼるのである。そしてあのムネ スウリも及ばないめりはりが此所から出るのである。

とある。緩めたり張ったりする変化がメリハリだ。「めりはりのきいた文章」などと言う。

これは古くはメリカリだった。桃山時代の能楽の伝書『八帖花伝書』（二）に、脇役は自分の声が出てもそれを基本にしてはいけない、「太夫（主役）のめりかりを聞き分け」ふさわしくするのが当然だ、とある。メリは音を低く、カリは高くすることだ。この少し先に、「太夫に渡し候ふ時、調子をめらして渡すこと、習ひなり」とある。減る、衰える、低い調子にするの意味のメルという動詞があったのだ。カルも高い調子にする意味の動詞だ。

明暦三年（一六五七）に出た句集『沙金袋』（夏）の「遠近の声やめりかりほととぎす（宗畔）」という句は、遠くと近くで音の高低が違うように聞こえるのだ。

それをメリハリとも言うようになった。ハルにも「声を張り上げる」など、高くする意味があるからだろう。宝暦十二年（一七六二）に出た『歌舞妓事始《かぶきじし》』（四）に、「めるははる、はるはめるといふことあり。芸をなす者、台詞《せりふ》を張り、つっこんで（張り切って）する時は、見る人めるなり（興ざめするのだ）。仕打ち（役者のしぐさ）骨髄になす時は、見る人はるなり。よりてめりはりの大事なり。」とある。ここでは音ではなく、演技の強弱をメリハリと言っている。

そこから緩めたり張ったりする意味になった。

4 楽器

中学一年生の時に英語を習い始めて、play the piano と言うことを知った。

高校生になって古文を習って、平安時代の文学に出て来る「遊び」は、たいていは音楽を演奏することを言うと教えられた。

音楽は play、遊びなのだ。

ここではいくつかの代表的な楽器の語源を扱う。

琴《こと》

語源についてはさまざまな説がある。

貝原益軒『日本釈名』（下・雑器）は「こゑいとなり。中を略す。声あるいと（糸）也」とする。

新井白石『東雅』（器用）は「或人の説にコトと言ふはヲト（音）の語の転ぜしなり」とする。

大石千引『言元梯《げんげんてい》』は「小音《コオト》」とこれに近い。

荻生徂徠《おぎうそらい》『南留別志《なるべし》』は「ことといふは琴《こん》の音といふ事なり」とする。

本居宣長は『古事記伝』（一〇）に、『古事記』（上）に「天詔琴（あめののりこと）」とある、詔琴は琴の正しい本の名で、意味は、詔言所《ノリコトド》と云うことである、トドを詰めればトとなる、昔は神の御心を知ろうとしてお言葉を請《こ》い申すのに琴を弾いた、その時に神が琴の上に降りて来られて、人に著《かか》って命《みこと》（お言葉）をおっしゃったのだ、それで琴《コト》という名は、神の来て詔言《ノリコト》なさる所と云う意味で付けたので、本はノリコトと言ったのを、コトだけ云うのは、後に略した名なのだ、と説明する。谷川士清《ことすが》『倭訓栞《わくんのしおり》』も「琴を訓ずるは詔言《ノリコト》の義なるを略せし也」とする。服部宜『名言通』も「古事記天詔琴ヨリシテ云フ。言ノ代リトスル也」とする。

大槻文彦は、『言海』では、「天詔言《アメノノリゴト》ニ起リ、大和琴ヲ元トス、神ノ託宣《ノリゴト》ヲ請フ器ノ義」と本居宣長説だったが（大和琴については後述）、『大言海』では、まず「擬声語ナリ」と始めて、『日本釈名』『東雅』『南留別志』の説を並べた後に、「按ズルニ、絃ノ音《ネ》ノ、ことことト聞ユルナリ、」として、さらに「ふえ（笛）、つづみ（大鼓）、かね（鉦）、ささら（簓）、皆、音ヲ取リテ名トセルナリ（天詔《アメノノリゴト》ノことナリト云フハ、鑿《イリホガ》ナリ）」とした。

『大言海』の擬音語説に心引かれる。

コトというのは、古くは弦楽器の総称だった。『大言海』の説明を借りる。

ことト云フハ、我ガ国ノ神代ヨリアル六絃ノモノナルニ、後ニ、唐琴《カラコト》ノ入リ来リシヨリ、ソレニ対シテ倭《ヤマト》ごと（倭琴《ワゴン》）ト云フヤウニナレリ。

今は「琴」と書くのが普通だが、「箏曲」と言うこともあり、「箏」もコトだ。中国で、「琴」はもと五弦、周代に七弦、漢代に十三弦になったとされ、「箏」は古くは竹製で五弦または十二弦、唐以後は十三弦となったと言う。日本に輸入されて、区別するために「琴（きん）のこと」「箏（そう）のこと」と言い、「琵琶」も「琵琶のこと」と言った。日本在来のものは「大和琴（やまとごと）・和琴（わごん）」と言うようになった。江戸時代以後は、十三弦の筝が普通になったが「琴」と書くようになっている。

琵琶《びわ》

琵琶の語源について、大石千引の文政十三年（一八三〇）刊『言元梯』に「琵琶《ヒハ》　ビンバン　弾音」、大槻文彦『言海』に、「蓋《けだ》シ絃音ヲ名トセルナラム」としている。ビワ（歴史仮名ビハ）は琵琶の漢字音だから、日本で生まれた名ではないが、著者たちは中国でそう感じて名づけたと考えたのだろう。これは当たっているような気がする。

琵琶は中国からもたらされたものだ。後漢の劉熙《りゅうき》の語源説明書『釈名《しゃくみょう》』（釈楽器）に、

琵琶（源氏物語絵巻・宿木（三）、『日本の絵巻』1、中央公論社より）

枇杷は本《もと》胡中に出づ。馬上に鼓する所なり。手を推して前《すす》むを枇と曰《い》ひ、手を引きて卻《しりぞ》くを杷と曰ふ。其の鼓する時に象《かたど》る。因《よ》って以て名を為すなり。

とある。これに従って説明する。

ここには「枇杷」とあるが、今ではこれは果実のなる植物を表す字で、楽器は「琵琶」だが、古くは通用したようだ。

「胡」は北方または西方の異民族。琵琶は西アジアで起こり、前漢（BC二〇六－AD八）の

ころには中国に伝わったとされる。正倉院御物に螺鈿《らでん》で駱駝《らくだ》を描いた五絃の琵琶があり、西から伝わって来たことを思わせる。中国で長く行われ、一九五〇年代に改良した琵琶 pipa が作られた。なお中世ヨーロッパの楽器リュートもこれから変化したものかとも言う。

「馬上」とあるのは、琵琶はもとは遊牧民族が馬上で演奏したものと言う。晋の石崇の詩「王明君詞」の序に、漢の武帝の公主（王女）が烏孫《うそん》（西域の一国）に嫁ぐ時に、琵琶を馬上で演奏して道路の思いを慰めさせた、という故事が見える。唐の王翰《おうかん》の詩「涼州詞（涼州は中国西方の甘粛省）」にも「葡萄《ぶだう》の美酒夜光の杯、飲まんと欲すれば琵琶馬上に催す」とある。葡萄酒も西域の産物だ。

「琵」は絃を手前から外へ弾《はじ》くこと、「琶」は手前に向けて弾くことというのは、以後の諸書に引いてあるが、この説は琵琶の演奏法から考えたものだろう。最初に記した絃音の擬音語という説に従いたい。

上田万年ら『日本外来語辞典』（大正四）には、「梵語ニテ **viṇā** 又ハ **vipañcï** ト称ス。**viṇā** ヲ琵琶トスルハ不可能タルベキヲ以テ寧ロ **vipañcï** ノ省トスルヲ適当トス。」とする。梵語だとすれば、インドでもそのように聞きなしたということか。

日本では、天平宝字八歳（七六四）六月廿一日の『東大寺献物帳』（『寧楽《なら》遺文』所収）に、

螺鈿紫檀琵琶一面（細書略、以下同じ）

紫檀琵琶一面
螺鈿紫檀五絃琵琶一面

とあり、正倉院には実物が数点現存し、楽譜も蔵している。奈良時代には伝来していた。速水建夫『近世事物起源考』（昭和四三）に、「わが国に琵琶が伝来したのは欽明天皇時代九州へ盲僧琵琶が伝えられ、盲僧の間で盛んに奏せられた。奈良朝直前には、雅楽用琵琶が伝えられ、まもなく雅楽寮でこれを採用した。」とあるが、そこまで古い記録は無いようだ。

正倉院には四絃のものと五絃のものがあるが、後に五絃は行わなくなった。平安時代以後の歌では琵琶を「四つの緒」と言う。

現在は流派や地域によって少しずつ形の変わったものがある。

笛《ふえ》

フエの語源について、大槻文彦『言海』に、「吹柄《フキエ》、或ハ、吹枝《フキエ》ノ略カト云」とある。『大言海』の「こと（琴）」の条では「ふえ」を擬声語としていたが、「ふえ」の条にはこのことは無く、『言海』と同じだ。

「吹柄」説は武田信英『草廬漫筆《そうろまんぴつ》』（二）の「ふえの和訓吹柄也《ふえ》」などがそれだ。

「吹枝」説は、新井白石『東雅』（七）に、『日本書紀』の継体天皇七年九月にある歌謡（九七）に、

こもりくの（枕詞）　泊瀬《はつせ》の川ゆ　流れ来る　竹の　いくみ竹よ竹（茂った良い竹）　本辺《もとへ》（根

元）をば　琴に作り　末辺をば笛に作り　吹き鳴《な》す…

とあることから、「フエとは、フは吹《フ》也。エは枝《え》也。竹の枝を取り造りて吹きならしぬるによりて此の名ありしなるべし」とする。谷川士清《ことすが》『倭訓栞《わくんのしおり》』も「吹枝の義」とする。

この他に、契沖『和字正濫抄《わじしょうらんしょう》』は「吹きてよき音を出す物なれば、吹吉《フエ》の意歟《か》。又、日本紀に、可愛をえと読めり。おもしろき物なれば吹可愛《フエ》の意にや」とする。二種類の字を示すが、内容は同じようなものだ。

この三説はどれもフは吹くとしている。

大石千引『言元梯《げんげんてい》』は「フフイヤ　吹声也」とする。笛の音の擬音語ということか。フフイヤというのは、音がそう聞こえて、それを詰めるとフエになるというのだろうか。こじつけのようだが、心引かれる。

平安時代の物語『夜の寝覚』（五）に、「まさこ君のやうぢやう吹き合はせたまへる音《ね》は、雲居にまで澄み上りて」とあるヤウヂャウは横笛のことだ。『平家物語』（六・小督）には「腰よりやうでう抜き出だし、ちと鳴らいて」とあり、仮名遣いに両説がある。「横笛」の音はオウテキ（歴史仮名ワウテキ）は王敵と同音になるので、それを嫌っての読み方と言う。これについて『倭訓栞』は、「横笛の音転、対馬音なるべし」（対馬音（つしまおん、つしまごえ）は、古代に伝来した漢字音の一種と言われるもの）と言う。

尺八（人倫訓蒙図彙・二）

尺八《しゃくはち》

今行われている竹製の尺八は、長さが曲尺《かねじゃく》で一尺八寸（約五四・五センチ）のものを基本とする。だから「尺八」だ。太い竹の根に近い部分で作り、指孔《ゆびあな》は表に四つ、背に一つ、簧《した》（リード）は無く、根から遠いほうの外側を斜めに三日月形に切り取った歌口に唇を当てて吹く。普化宗《ふけしゅう》の虚無僧が法器として用いたので、普化尺八、虚無僧尺八と言う。貞享三年刊の西鷺軒橋泉《さいろけんきょうせん》の小説『近代《きんだい》艶隠者《やさいんじゃ》』（二・五）に、

我いにしへ諸国執行《しゅぎゃう》の心ざしありて、尺八の僧となりつつ見慣れぬ国々里々を脚《あし》に任せ風に従ひてさすらへ歩《あり》きしに、

古代の尺八（信西古楽図）

とあるのは、虚無僧になって行脚《あんぎゃ》したのだ。このころから盛んになったようだ。

これとは別に、奈良時代から雅楽で用いる「尺八」があった。天平勝宝八年（七五六）六月二十一日の正倉院文書（『寧楽遺文』所収）に、

玉尺八一管
尺八一管
樺纒尺八一管
刻彫尺八一管

とある。これは中国から伝わったもので、『旧唐書《くとうじょ》』（呂才伝）には唐の楽人の呂才が貞観年間（六二七―六四九）に作り出したとある。西アジアの葦《あし》の笛が伝わったとも言う。唐の小尺で一尺八寸（約五六センチ）を基本とするものとされる。正倉院に現存する物には、孔《あな》が前面に五つ、背面に一つある。源順《みなもとのしたがう》の辞書『倭名類聚抄《わみょうるいじゅしょう》』には、「律書楽図」というものに、尺八は短い笛で、縦向きに吹くものだ（尺八為短笛、縦向吹者也）とあると記す。『源氏物語』（末摘花）には「さくはちの笛」とある。平安中期には行われなくなったと言われているが、『今鏡』（内宴）に、保元三年（一一五八）正月に、行われなくなっていた尺八を吹いたとあるから、細々と

伝わっていたのかもしれない。

室町時代に中国南部から伝わったと言う竹笛の一節切《ひとよぎり》も、『隆達小歌集』（九〇）に、

尺八の、ひとよぎりこそ、音《ね》もよけれ。君とひとよは、寝もたらぬ

とあるように「尺八」と言った。長さは一尺一寸一分（約三三センチ）、根に近い方を歌口にして、指孔は表四つ背一つ、管の上から三分の一くらいの所に節があるので「一節切」だ。長さが違うのに、どうして「尺八」と言うのだろうか。これは江戸中期から衰退し、明治ころには行われなくなった。

鼓《つづみ》

荻生《おぎう》徂徠《そらい》『南留別志《なるべし》』は「鼓をつづみと言へるは、都曇鼓といふ鼓あるより起これるなるべし」とし、本居宣長『古事記伝』（三二）も、「或人云ふ、都豆美《ツツミ》は都曇の字ノ音なり、（略）まことに都曇の音なるべく思はる」とする。あらかわ・そうべゑの昭和十六年刊『外来語辞典』は、梵語 dundubhi が漢語「都曇」になったとする。インドで起こって中国を経て日本に伝わったというのだろう。

これに対して、狩谷棭斎《かりやえきさい》『箋注倭名類聚抄《せんちゅうわみょうるいじゅしょう》』では、ツヅミはその音で名を得た、都曇鼓も音で名を得た、都曇鼓からツヅミになったのではない、とする。音の聞きなしからというのだ。大槻文彦『言海』の、「響ヲ以テ名ヅク、唐ノ天竺伎ニ都曇鼓《トドム》アリ、亦響ヲ以テイフ、暗合ナリ」というのは、棭斎の説を踏まえるものだろう。都曇とは偶然の一致だというのだ。大石千

引の文政十三年（一八三〇）刊『言元梯《げんげんてい》』は、「大鼓《ツヾミ》　デヾム撃音」とする。賀茂百樹の昭和十八年刊『日本語源』も、「ツヽミもツヾンとも、ドヾンとも聞かるゝなり。」とする。貝原益軒『日本釈名』（下二・雑器）は、「鼓《ツヾミ》　皮にて両のはたをつつむ」とする。「包み」だと言うのだ。富士谷成章《ふじたになりあきら》の『非南留別志《ひなるべし》』も「包といふ心なり」とする。著者不明『関秘録』（七）は「鼓はつつひびき（筒響）の略也」とする。松岡静雄の昭和十二年刊『日本古語大辞典』は、「トモ（鳴もの）の畳頭語トトモの転呼であらう。」とする。

　これらの中では、日本製の擬音語とする狩谷棭斎に始まる説がおだやかな気がする。

　ツヅミは、古くは円筒形の胴に革を張った打楽器だったようだ。つまり太鼓だ。群馬県伊勢崎市堺上武士《さかいかみたけし》で出土した埴輪は太鼓を打つ人の姿だ。外来と考えなくても、鼓のような簡単な打楽器は日本でも作られただろう。

　今の鼓は、中央のくびれた木製の胴に革を当てたもので、枠の付いた革の縁の穴に調べの緒という紐を通して表と裏の革を締め合わせ、手で打ち鳴らすものだ。これは鎌倉時代ころからのものとされる。小鼓と大鼓とがあり、普通は小鼓を言う。

　漢字「鼓」は、後漢の劉熙《りゅうき》の語源説明書『釈名《しゃくみょう》』（釈楽器）に、「皮を張りて以て之《これ》を冒《おほ》ふ。其の中は空なり」とある。これは太鼓のようだ。ただし「大鼓」という語も、宝亀十一年（七

八〇）の『西大寺資財流記帳』（『寧楽遺文』所収）に、

大皷一面（丹地彩色腔）　今修理之

大皷六面（各在桴（ばち））　各納紺細布袷袋（皆破）

大皷一面（彩色面径三尺）

とあり、『源氏物語』（末摘花）の音楽を奏する場面には「たいこをさへ高欄《かうらん》のもとにまろばし寄せて、手づから打ち鳴らし」とある。日本古来のものが「つづみ」で、外来のものが「たいこ」だったのかもしれないが、「その区別が必ずしも明確でない場合もある。」（世界大百科辞典）。後には「おおつづみ・おおかわ」は「大鼓」、「たいこ」は「太鼓」と書くようになった。

鈴《すず》

大槻文彦『言海』に、

音ヲ名トス、或云、音《ネ》ノ清《スズ》シキ意カト

とある。

スズシ（涼・清）とするのは、松永貞徳『和句解《わくげ》』、貝原益軒『日本釈名』（下・雑器）をはじめとして、多く見られる。大石千引『言元梯《げんげんてい》』では「鈴《スズ》　清《スム》」とする。擬音語とするのは大槻の思い付きのようだが、後の『大言海』にも同じことが書いてある。新井白石『東雅』（器用）は、韓国の方言に似ているとする。どれもあまり納得できる説ではないようだ。

三味線《しゃみせん》

「三味線」の語源については、二説がある。

元禄初年ころ（一六八八―）成立の藤本箕山《ふじもときざん》の『色道大鏡《しきどうおおかがみ》』（七）に、永禄年中（一五五八―七〇）に琉球から蛇の皮を張った二絃の楽器が渡来し、泉州堺（大阪府堺市）の盲目の琵琶法師の中小路《なかしょうじ》が与えられて、三筋の糸を掛けたのに始まり、「それより三絃にきはむる故に三味線としか言ふ」とある。以後の諸説はたいてい三絃だから三線であることから言うとしている。二絃は誤りで、今でも沖縄で「三線（さんしん）」と言うように三絃なのだが、以後も二絃と記すものが多い。

服部宜の天保六年（一八三五）刊『名言通』に、「蛇皮線《シャミセン》　字ノ転音ナリ。三味線トカク」、山崎美成《よししげ》の天保十四年刊『世事百談』（二）に「海蛇皮もて張りたれば、世俗はジャビセン（蛇皮線）といへり」とある。ジャビセンという語は桃山時代から見られる。

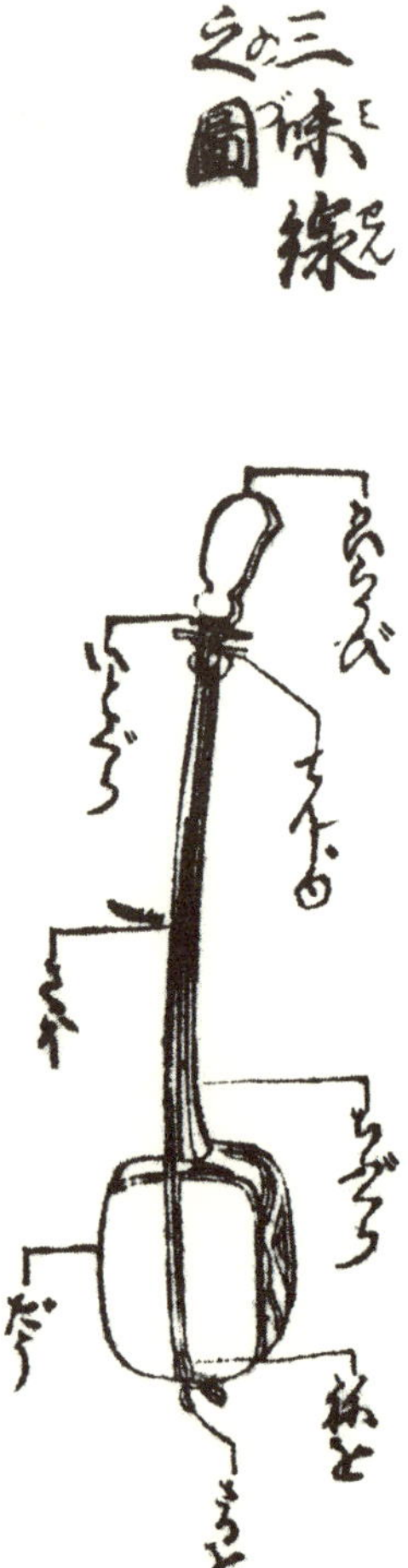

三味線（女重宝記・四）

沖縄の「三線（さんしん）」はいつごろからあった語かは分からないが、中村惕斎《なかむらてきさい》の寛文六年（一六六六）刊『訓蒙図彙《きんもうずい》』（器用・二）に、「俗云さみせん、言ハ三線也」とあり、享保二年（一七一七）に出た槇島昭武《まきのしまてるたけ》の『書言字考節用集』（器用）には「三線《サンセン》（三絃。琉球絃。並ビニ同ジ○永禄年中琉球ヨリ始メテ泉州堺ノ津ニ来ル者）」とある。菊岡沾涼《きくおかせんりょう》の享保十九年（一七三四）刊の考証随筆『本朝世事談綺』（二・器用）に、「三の字をサミと云ふは、閉口の音《いん》にてはね仮名をミといふ也」とする。三のンはmだから、三はサミとなるというのだ。たしかに三のンは「三位（さんみ）」などに見られるとおり古くはmだったが、江戸時代までそれが行われていたのだろうか。そういうわけで、ためらいが残るものの、三線からシャミセンになったという説に従っておきたい。

語源とは関係が無いが、元禄五年（一六九二）刊の『女重宝記』（四）に、

> 三味線《さみせん》は（略）その音淫乱にして、楽器に入《い》らず。遊女のわざとなれり。ゆめゆめ弾き習ひたまふべからず。

とある。元禄時代には、三味線は淫乱なものだから、上流の婦人たちは弾いてはいけないものとしていた。

派手《はで》

三味線に関する語を二つ。

延宝九年（一六八一）に出た京都での遊興を紹介した小説『都風俗鑑《みやこふうぞくかがみ》』（三）に、

「しかるに今の歌舞伎の風俗は当世下劣の風にして、ひとへにはでを表として」とある。華やかで大げさなのが「派手」だ。

これはもとは三味線の曲風を言う語だ。文禄（一五九二―九六）ころから本手組《ほんてぐみ》という組歌（意味の連絡の無い歌詞数曲を組み合わせて一曲としたもの）が作られ、その後、新しい破手組《はでぐみ》（端手組）が出来た。藤本箕山《ふじもときざん》が元禄初年（一六八八―）に書き上げた色の道の百科全書『色道大鏡《しきどうおおかがみ》』（七）には虎沢《とらざわ》という盲人が「本手破手《ほんてはで》といふことを定めて」とある。破手組は細かく賑やかな弾き方を特色とする。その破格で強い印象を与えることから、華やかなことをハデと言い、後には「派手」という別の字で書くようにもなった。「派手」という漢字を載せる国語辞典は大正八年の『大日本国語辞典』が最古か。一八六七年に出たJ・C・ヘボン（Hepburn）の『和英語林集成』には「葉手」という漢字が記してある。

大槻文彦『言海』では「葉出ノ義カト云」として漢字は示さず、『大言海』でも漢字は示さず、「映《ハエ》ノ転カ、又、はえ手ノ略カ。葉出、葉手、派手ナドトモ書ク」とする。『大言海』にはその次の項に「三味線ノ弾キ方ノ名。」の「破手・端手」が出ているのだが、それとの関連は考えなかったのだろうか。山田美妙『日本大辞書』では「はな（華）ノ転、な、て、相通」としてやはり漢字は示さない。万延元年（一八六〇）の跋のある永田直行の『菊池俗言考』では、「花手《ハナテ》ノ略言ナルベシ」、手は栲《たえ》の約であろうとする。

間《ま》抜《ぬ》け

三遊亭円朝『真景《しんけい》累《かさね》ケ《が》淵《ふち》』（二三）に、

其の家《うち》は土手の甚藏の家、間抜な奴で、新吉再び土手の甚藏に取って押へられると云ふ。是から追々怪談になりますが、一寸一息つきまして。

とある。うっかりして失敗することが「間抜け」だ。元禄初年（一六八八―）に完成した藤本箕山《ふじもときざん》の『色道大鏡《しきどうおおかがみ》』（一五）に、「その体、まぬけなく勇みたりしよそほひ」とあるなど、江戸前期から例が見られる。人を罵るのにも言う。

泉鏡花の『湯島詣』（二九）に、「其頃腕達者な烈しい姉《あねえ》は、客の前で弾切ると糸を掛けてる中も間が抜けるといって、伊達に換へ三味線を持ったので」とある。音楽の拍子が抜ける、調子が外れるのが「間が抜ける」だ。邦楽・舞踊・演劇などで、あるはずの休止が無いことから出た語と言う。そこから、気づかないでばかなことをする意味になった。

喇叭《らっぱ》

ラッパは現代中国語でも「喇叭 laba」だ。日本にはそれが伝わってラッパなのだ。

明の王圻《おうき》が万暦三十五年（一六〇七）に著した絵入り百科事典『三才図会《さんさいずえ》』（楽器）に、喇叭は銅で作り、一つの竅《あな》で直接に吹く、身が細くて尾と口が殊に広がって銅角（吹奏楽器の名）に似ている、いつ始まったか知らない、今は軍中や晨昏《しんこん》（明け暮れ）を司る者（時間を知らせる役目）が多く用いる、とある。

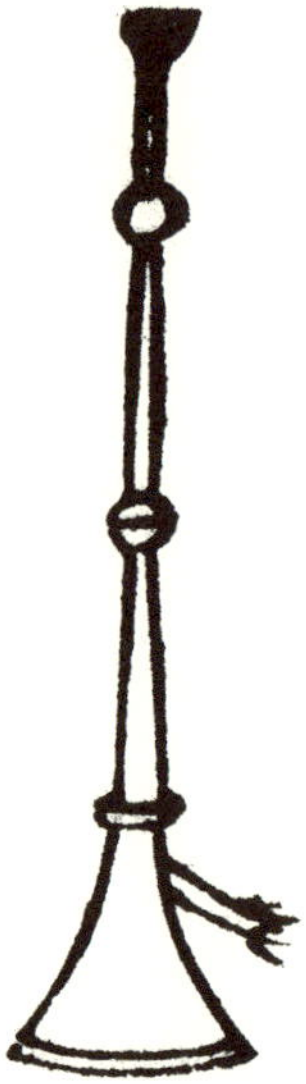
喇叭
（和漢三才図会・楽器）

「喇叭」が見える日本の最初の文献は、林羅山の文集『羅山林先生文集』（一二二）に載る「長崎逸事（慶長十五年作）」という文章だ。慶長十五年（一六一〇）に長崎で外国人が日本の商人を殺したことから、有馬修理《ありましゅり》が幕府の命を受けて外国船を攻撃する事件が書いてある。夜に日本の決死の者数十人が船中に迫ると、「船中大いに譟《さわ》ぐ。嗩吶《シットツ》・哱囉《ハイラ》・喇叭《ラッハツ》・錚鼓・銃熕の声、数里に聞こゆ」ということになった、とある。ラッハツと振り仮名があるが、これはラッパで、「嗩吶」は次に記すチャルメラと見られる。外国船では軍楽器として喇叭やチャルメラを吹いたようだ。西洋の喇叭だからトランペットの類だろうか。

井原西鶴の『諸艶大鑑《しょえんおおかがみ》（好色二代男）』（八・二）には、京都の祇園町の盆踊りを、

らっぱ・ちゃるめら、万《よろづ》の物の音まで豊かに、目病みの地蔵（祇園の仲源寺にある）も、宵からは寝られまじ。

と描いている。近松門左衛門の『国性爺合戦《こくせんやかっせん》』（二）では、

怪しや数万《すまん》の人声、責め鼓・せめ太鼓《だいこ》、らっぱ・ちゃるめら高音《たかね》をそらし（響かせ）、ひゃうひゃうとこそ聞こえけれ。

と、虎狩りの勢子《せこ》の立てる音に用いている。軍楽器に類すると考えてもよいか。どちらも賑やかな音のする物としている。

語源について、大槻文彦は、『言海』では「梵語ナリト云」としていたが、『大言海』では、「梵語ナリトノ説ハ、多分、囉叭ノ鳴リ声ヲ、ラヴ（Rava）ト称スルヨリ、連想セシナルベシ、梵語ニアラズ、（高楠順次郎ノ説）」と改めた。このRavaはどういう語か分からない。あらかわ・そうべゑ『外来語辞典』は、サンスクリット（梵語）rāva、オランダ語roeperから中国語「喇叭」になったとする。

「喇叭」は明時代の『正字通』『三才図会』などに見えるから（大漢和辞典）、オランダ語を考える必要はあるまい。Ravaが梵語であるとして、どういう意味なのか分からないが、それが入って来て中国で「喇叭」と漢字をあてたものと考えたい。『大漢和辞典』によれば、「喇」は「ものいふ。言葉がはやい。」、「叭」は「声。呼吸の声。」という意味の字だが、楽器の「喇叭」のために作り出した字のような気がする。

チャルメラ

チャルメラは、リードが二枚あり、先端がラッパ型に広がっている木製の縦笛だ。

『和漢三才図会《わかんさんさいずえ》』（一八）に「太平簫」を「ちゃんめら」と読んで、「嗩吶・嗩㖷」などの同義語があると記す。現代中国語でチャルメラは「七孔喇叭 qikong laba・嗩吶 suona」（小学館『日中

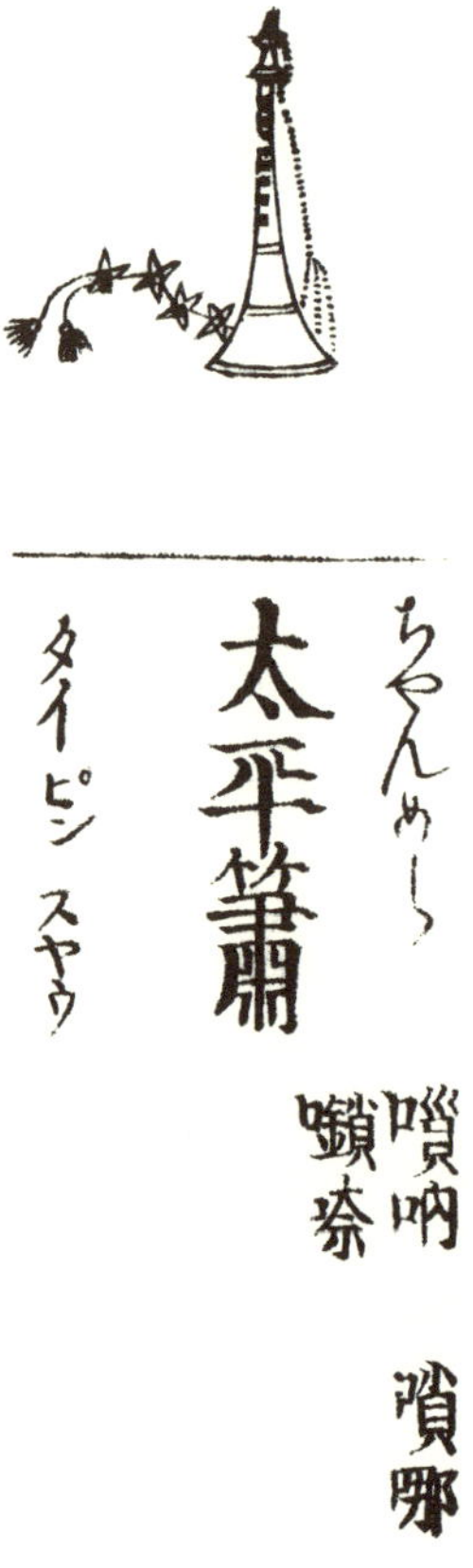

チャンメラ
（和漢三才図会・楽器）

辞典』）と言う（「七孔喇叭」は孔《あな》が七つあるラッパということだ）。

明の王圻《おうき》の万暦三十五年（一六〇七）成立の『三才図会』（楽器）に、嗩吶は喇叭《ラッパ》のようで七つの孔《あな》がある、首尾を銅で作り管には木を用いる、いつから起こったか知らない、これは軍中の楽に違いない、今は民間で多く用いる、と説明がある。

チャルメラの語源は、金沢庄三郎『辞林』（明治四十四年の改訂版による）に「ポルトガル語Charamela」とあり、以後、『大日本国語辞典』『大言海』（『言海』では「胡語」とするだけだった）などに引き継がれている。この楽器はササン朝ペルシア（二二七—六五一）で軍楽隊で用いたのが始まりで、オスマントルコでも軍楽隊が用い、十字軍の時代にスペイン、ポルトガルからヨーロッパに伝わり、十三世紀以後ルネッサンス時代の音楽に管楽器として用いられ、十七世紀に室内用に改良されてオーボエになったと言う。原型に近い物は、今日でもスペイン、フランス、イタリア、ハンガリーなどに民俗楽器として残っている。こんな経過をたどったものなので、ポルトガル語が語源というのは納得できる。

上田万年《かずとし》ら『日本外来語辞典』では、「哨吶ハChara ノ音訳ナリ」とする。それが正しいなら、ポルトガルあたりから中国に伝わり「哨吶」と言ったと考えられる。この字は『和漢三才図会』に見えていた。むしろペルシア語のsurnāyやトルコ語のzurnaのほうが近いように思う。日本に伝わったのは、ポルトガルのcharamelaか、それとも中国を経由した「哨吶」か。あるいは両方とも伝わったか。「哨吶」は中国で独自に生まれたとも考えられる。長崎あたりでポルトガル人が「哨吶」を見てcharamelaと言ったこともあり得る。江戸時代になってポルトガル人は日本に来なくなるから、以後は中国の物が入っていたのだろう。

「喇叭《らっぱ》」のところに引いた『諸艶大鑑《しょえんおおかがみ》』『国性爺合戦《こくせんやかっせん》』には、喇叭とチャルメラが並んでいた。賑やかな楽器としている。『国性爺合戦』とこれも「喇叭」に引いた林羅山の文からは、チャルメラは軍楽器だったとも言える。

『和漢三才図会』には、朝鮮・琉球人の行列は、「喇叭《ラッパ》・銅角（吹奏楽器の名）・太平簫《チャンメラ》」等を吹いて前駈する、とある。異国的なものだったのだろう。現在の歌舞伎の囃子では、中国情緒や下町気分を表現するのに用いる。

石川啄木の『一握の砂』（煙・二）に、

飴売のチャルメラ聴けば
うしなひし
をさなき心ひろへるごとし

という歌がある。明治時代には飴売りが吹き鳴らした。岡本綺堂『半七捕物帳』（唐人飴・一）に、

「じゃあ、和国橋《わこくばし》の髪結い藤次の芝居に出る唐人市兵衛、あのたぐいでしょう」

「そうです、そうです。更紗《さらさ》でこしらえた唐人服を着て、鳥毛の付いた唐人笠をかぶって、沓《くつ》をはいて、鉦《かね》をたたいて来るのもある、チャルメラを吹いて来るのもある。子供が飴を買うと、お愛嬌に何か訳のわからない唄を歌って、カンカンノウといったような節廻しで、変な手付きで踊って見せる。まったく子供だましに相違ないのですが、なにしろ形が変っているのと、変な踊りを見せるのとで、子供たちのあいだには人気がありました。いや、その唐人飴のなかにもいろいろの奴がありまして……」


という会話がある。これは江戸後期のことだ。さらに古く、享保六年（一七二一）の『続春駒狂歌集』（一）に、

瀟湘夜雨《せうしやうやう》　ふるの蓑《みの》唐人笠でちゃるめいらふく瀟湘の夜のあめ売

という狂歌があるから、江戸中期にすでに飴売りが吹いていたことが分かる。

杉山萌円（夢野久作）が大正十三年に書いた『街頭から見た新東京の裏面』（かおが焼け失せた）に、

これに対して江戸ッ子は何等の反抗を企てようとしない。否、反抗力も何もなくなって、只《ただ》納豆売りの声や、支那ソバのチャルメラの声に昔の夢を思い出して満足しているように見える。

とある。大正時代には屋台の中華そば屋で吹くようになっていた。昭和二十八年に美空ひばりが歌った「チャルメラそば屋」（ボビー・ノートン、奥山靉作詞、ボビー・ノートン作曲）は「皆さんおそばはいかが　おなじみ　チャルメラ娘…」という歌い出しだった。この歌は駐留軍の兵士がチャルメラを聞いて作ったものだそうだ。アメリカ人には珍しかったのだろう。そのころが全盛期だったか。今は屋台の中華そば屋は少なくなり、ましてチャルメラで客寄せをすることも見掛けなくなった。昭和四十一年に売り出したインスタント・ラーメンの名になっている。そのころにはまだ屋台で吹くことがあったかもしれない。

ピアノ

小学校の音楽で、楽譜の上に*p*とあるのはピアノと言って弱く、*f*とあるのはフォルテで強くということだと教えられて、なぜ楽器と同じピアノなのだろうと思った。

音楽用語はたいていはイタリア語だ。イタリア語で、pianoには、形容詞として、平らな、平易な、など、名詞として、面、平面、など、副詞としてゆっくりと、静かに、それと音楽で弱くの意味があり、forteには、形容詞として、力が強い、強音のなどの意味がある。イタリア語では、楽器のピアノはpianoforteと言う。弱くも強くも音を出せるということなのだろう。略してpianoと言うこともある。英語やフランス語では略したpianoを用いている。

日本にもたらされたのは、文政六年（一八二三）にドイツ人ジーボルトがオランダ商館に来た時にピアノを持ち込んだのが最初とされている。そのピアノは文政十一年に熊谷五衛門義比に贈られて、現在は山口県萩市の熊谷美術館の所蔵となっている。その後幕末から明治初年に外国人が持ち込んだと思われるが、詳しくは分かっていない。明治十二年に文部省に作られた音楽取調掛（後の東京音楽学校、東京芸術大学音楽学部）では十三年にアメリカから音楽教育家のメイソン（Luther Whiting Mason 一八二八―九六）を教師に迎え、十台のピアノを購入した。国が買い入れた最初だろう。明治四年に日本最初の女子留学生として十歳でアメリカに渡り、ニューヨークの女子校Vassa Collegeの音楽科でピアノを学んだ永井繁子（結婚後は瓜生）が日本最初のピアノ奏者と言う（主として『音楽大事典』による）。

日本の文献にピアノが見えるのは、箕作阮甫《みつくりげんぽ》（寛政一〇（一七九八）―文久三（一八六三））がオランダの雑誌から選んだ記事を訳したものを集めて文久年間に出版した『玉石志林』（四）の「北亜墨利加《あめりか》合衆国の礼儀及び風習」の中に、遊覧船の中で「男子は煙草を喫し談話を為し、婦人は書を読み、縫物を為し、ピアノの遊をなせり」とあるものが最古という。翻訳だから日本にあるものではない。福沢諭吉が万延元年（一八六〇）にサンフランシスコで買い求めた

『華英通語』という英語に中国語で発音と訳語を付けた本に片仮名で発音と訳語を付けて出版した『増訂華英通語』には、piano にピエノーと発音を記し、訳語の「琴盖」に「コト」と意味を記してある。これも翻訳で、日本ではピアノと知っていたかは分からない。

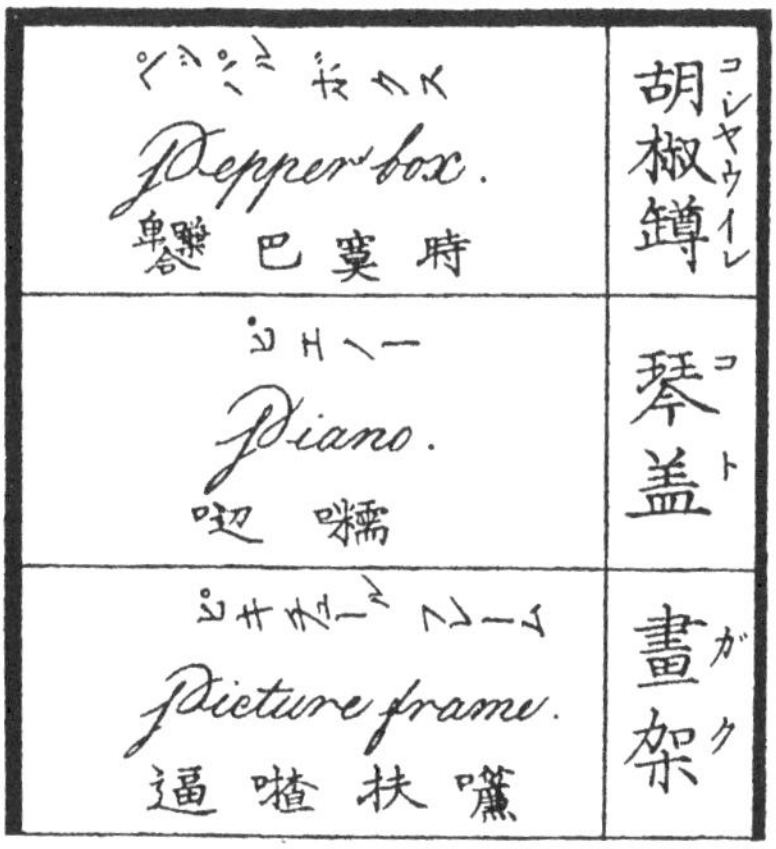

piano（増訂華英通語）

5 歌舞伎など

歌舞伎は今日では「伝統芸能」になっている。伝統芸能というのは、大衆から離れた物になってしまっているということだろう。坪内逍遥は昭和八年に出した随筆集『柿の蔕《へた》』で、歌舞伎について、「芸伝統のねばり強さ」と言いながら、「老衰の歌舞伎を診断する」（いずれも章名）とも記している。歌舞伎は昭和の初めには「老衰」していたのだ。

江戸では吉原の遊郭と芝居町では一日に千両の金が費やされると言われたほど芝居には大衆の支持があった。芝居は流行の発信源でもあった。そこで用いられた言葉が町の中に広まるのは当然のことだ。

歌《か》舞《ぶ》伎《き》

カブキは、ふざける、異様な振舞をするという意味の動

阿国歌舞伎（骨董集・上・下・後）

詞「傾《かぶ》く」の名詞形だ。いつの世にも世間の風習に従わないで異様な身なりや行動をする者はいるものだ。今はあまり言わなくなった語だが、ヒッピーだ。そういう行動をする者が「かぶき者」、そういう扮装や身振りで踊れば「かぶき踊」ということになる。

「歌舞伎」と書くのは、歌や舞をする芸人という意味で出来た当て字だ。江戸時代には「歌舞妓」と書くことが多かった。

歌舞伎の歴史については日本史の教科書などに書いてあるとおりだ。慶長年間（一五九六―一六一五）に京都の北野天満宮の社頭で出雲の阿国《おくに》が興行したのに始まるという。

芝居《しばい》

シバイというのは、保延元年（一一三五）ころ成立の『為忠家後度百首《ためただけごどひゃくしゅ》』（三三六）の、

花ずりの衣ぞ露に濡れにける月待つ宵の旅の芝居に　藤原為忠

という歌にあるように、文字どおり芝の上に居る（すわる）ことが本来の意味だ。それがもとになって、芝生を言うこともあった。

室町時代になって、曲舞《くせまい》・猿楽《さるがく》・田楽・能楽などの演芸を野天で興行する場合に、舞台と貴人の座席である桟敷《さじき》の間の芝生を庶民の見物席として、これを芝居と言った。織田信長が天正十年（一五八二）五月二十日に安土《あづち》の惣見寺で猿楽と能を演じさせ、「御桟敷の内、近衛殿（太政大臣近衛前久《さきひさ》）・信長公・家康公・（五名略）、御芝居は御小姓衆・御馬廻・御年寄衆・家康公の

御家臣衆ばかりなり」（信長公記・一五）ということがあった。

江戸時代に歌舞伎が成立すると、見物席を含めて劇場全体を芝居と言うようになり、そこで演ずる劇やその演技も言うようになった。

一楽子が浄瑠璃の歴史を書いた宝暦六年（一七五六）刊の『竹豊故事《ちくほうこじ》』（下）にモノスゴい起源説が出ている。大同三年（八〇八）に奈良の猿沢の池のほとりに大きな穴ができて黒煙が立ち上り、その毒に触れると病気になった。学者の意見で、地中の陰火は陽火で制することになり、穴の上に薪を積んで焼いたので、その陰火は立たなくなり人々の病気も治った。その時に興福寺の南大門の前の芝の上で翁三番叟《おきなさんばそう》を舞わせて邪気を退けた。今もこの故実にのっとって、薪の能を芝の上で催す。興行の場所を芝居と言うのはこれから起こった、というのだ。

江戸中期から、訛《なま》ってシバヤと言うことがある。芝居小屋という語があることから、芝屋と勘違いしたのだろう。『浮世床』（初・下）に「御乳母《おんば》どんは芝居《しばや》よりはおもしれえ事があるだらう。」とある。ただし『浮世床』には「芝居《しばゐ》でしたりすると」という本来の形もある。夏目漱石の『明暗』（六）に、夫が妻に「それで今度その服装《なり》で芝居《しばや》に出掛けようと云ふのかね」と言うところがある。大正時代にも残っていた（昭和四十一年刊の『漱石全集』によったが、『明暗』の初版本には「しばゐ」と振り仮名がある）。

三島由紀夫『春の海』（一〇）では、大正二年に綾倉伯爵家の蓼科《たでしな》という老女が、「もっともそのおかげでほんに久々にしばやを見せていただきまして、寿命が延びたやうな気がいたしました」と言うところがある。作者は時代の雰囲気を出すために「しばや」と言わせているのだろう。

梨園《りえん》

歌舞伎役者の世界を「梨園」と言う。山本笑月の回想録『明治世相百話』（昭和一二）に、「明治の芸界には幾多の名人上手がそろってゐて、能界には宝生九郎、梅若実、桜間伴馬、梨園には団十郎、菊五郎、左団次、団蔵、そのほかの各方面ともそれぞれ名人級の人々に乏しくなかった。」（名人印象記）とある。大槻文彦『言海』では、「俳優《ヤクシャ》ノ異名。」と簡単に片づけているが、明治二十四年に出た辞書だから、これは歌舞伎のことだろう。

なぜ梨の木の園が歌舞伎界なのか。これは、唐の玄宗皇帝が、宮中の梨の木のある庭園で自ら歌舞を教えたという『新唐書』（礼楽志）に見える故事から出た語だ。

日本では菅原道真が寛平五年（八九三）正月に宮中であった宴会のことを書いた文章（漢文）に、「梨園の弟子の舞を奏し歌を唱ふる、一事一物、儀其の中に在り（一つ一つの動作が礼儀にかなっている）」（菅家文草・五・早春宮賜宴宮人……）とある。平安時代のことだから歌舞伎のはずはない。皇室専属の歌舞をする女たちのことだ。話がそれるが、『新唐書』の出来たのは道真の死んでかなり後のことだ。道真は何でこの故事を知ったのだろうか。

そんなわけで歌舞伎に限ったことではないのだが、江戸時代には演劇と言えば歌舞伎と意識するようになって、意味が限定されたのだろう。

俳優《はいゆう》

後漢の許慎の字書『説文解字』に、「俳」は「戯也」とあり、「優」には「一曰、倡也」とある。「倡」は歌うたい、芸人の意味だ。「俳優」は『大漢和辞典』に、「㈠たはむれ。おどけ。演戯。㈡戯伎を演ずる芸人。」とある。滑稽に歌ったり踊ったりして人を慰める役が本来の意味だ。

大立者《おおだてもの》

田宮虎彦の小説『絵本』に、「こないだ佐野、鍋山って共産党の大立者が獄中で転向したって新聞にのってましたね」とあるように、その社会での代表的な実力者を「大立者」と言う。

本来は芝居の一座の中心となる役者のことを言う。静観坊好阿《じょうかんぼうこうあ》の宝暦二年（一七五二）刊の小説『当世下手談義《いまようへたたんぎ》』（二）に、「又一座の大立者が聞き捨てにせず指南せば、文盲《もんまう》至極の敵役も少しは嗜《たしな》むべし」とあるとおり、江戸中期ころからある語だ。

二枚目《にまいめ》・三枚目《さんまいめ》

久保田万太郎『春泥』（三羽烏・二）に、「かれらの兄弟子で古い三枚目の西巻金平は一人寂しく矢の倉の河岸を両国のはうへあるいてゐた。」とある。

美男を二枚目、滑稽《こっけい》な人を三枚目と言う。演劇の世界から出た言葉であることは何となく分かっている。一般人にも言うようになったのは、昭和に入ってからのようだ。

これの起こりは、江戸時代の関西の歌舞伎劇場の看板の二枚目に記す役者の名が美男役、三枚目が道化役だったことによる。美男は一番目ではないかと思いたくなるが、一枚目は大立者の位置だ。『仮名手本忠臣蔵』で言えば、由良之助《ゆらのすけ》が主役で、白塗りの色男の勘平《かんぺい》は二枚目なのだ。

二枚目のにらみが嫁の敵なり　集馬（柳多留・八八）

という句は、美男の役者の睨《にら》みに嫁が参ってしまうことを詠んだものだ。

それを、歌舞伎だけでなく、明治以後の演劇・映画などでの美男も言うようになり、さらに一般人にも言うようになった。

今の俳優ではだれを二枚目と言うのか知らないが、昭和十年代では上原謙と長谷川一夫だろう。昭和三十年代以後は、三船敏郎、石原裕次郎、勝新太郎、高倉健などのタフな感じの俳優が主流になり、端正で優しい色男は好かれなくなったようだ。

女形《おやま》

女を演ずる男の俳優がオヤマだ。オンナガタとも言うので、「女形」をオヤマと読ませることもある。歌舞伎では貞享元年（一六八四）刊の役者評判記『野良《やろう》三座詫《さんざのたく》』に伊藤小太夫を他の女形と区別して「おやま」と記しているのが最初だそうだ。

オヤマの語源については、『演劇百科大事典』（昭和三五）の「おんながた」の項に、「おやまの語源は、遊女のことを「お山」といい、初期の女方の扮する役が、もっぱら遊女だったからであるという説のほかに、女の人形をつかうのが巧みであった小山《おやま》次郎三郎の名を採ったともいわれている。」とある。菊岡沾涼《きくおかせんりょう》の享保十九年（一七三四）刊『本朝世事談綺』（三）に、「小山次郎三郎といふもの、女の人形をよく使ふ。遊女・傾城の類《たぐひ》をおやまと言ふにより、是をおやま人形と言ふ」とある。舌足らずな文だが、遊女が先ということだろう。『嬉遊笑覧《きゆうしょうらん》』（楽曲）もこの説だ。そのほうが穏やかなように思う。『守貞謾稿《もりさだまんこう》』（娼家・上）では小山の人形から遊女を言うようになったとしている。

遊女をオヤマと言うのは、「石垣」（京都の茶屋街）のおやまども」（西鶴置土産・三・一）などと、江戸前期からある語だ。安永四年（一七七五）刊の越谷吾山《こしがやござん》の全国方言辞書『物類称呼』（人倫）に、「江戸にてはおやまと云ふ名は劇場《しばゐ》にのみあり」とある。江戸では遊女は言わないで、歌舞伎だけに用いるようになったことが分かる。

谷川士清《ことすが》の辞書『倭訓栞《わくんのしおり》』に、「売女をいふは、面に粉をもて山を作る意なるべし」とする。白粉《おしろい》を山のように厚く塗るということか。いささかこじつけがましい気がする。

大根役者《だいこんやくしゃ》

『東海道中膝栗毛』（七・上）に、京都の芝居小屋で、観客が「イヨ大根《だいこ》ウ。十把ひとからげぢや。」と悪口を言うのを聞いた北八が、「ヨウ〳〵大根め〳〵」と声を掛けるところがある。この後に作者は、「この大根といふことは、上方にては役者の下手な者を大根と言ふ。北八、そのわけは知らず、人が大根大根と言ふを、きいた風に、役者さへ見ると、大根大根と呼びたつるを、見物、北八を小ばかにして」と注を付けている。下手な役者を「大根」と言うのは、関西で生まれた語で、江戸には無かったことが分かる。

語源について、大槻文彦『大言海』には、「大根ノ根ハ白キ故、しろうと（素人）ノしろニ寄セテ云フトゾ」とある。『演劇百科大辞典』（昭和三五年）では、「だいこやくしゃ……語源は、大根を食ってあたったためしがない、芸もあたらない下手なというが明らかにしない。」とする。前者のほうがすっきりしているが、後者のほうがシャレていて楽しい。

なお楳垣実《うめがきみのる》『猫も杓子も』（昭和三五）には別の説が見える。馬を舞台に出す時には、見習いや下積みの役者が縫いぐるみの馬に入った。それを「馬の脚」と言い、下手の役者のことを言うようにもなった。日本人の足は短く太いから大根に例えることがある。脚からの連想で下手な役者を大根と言うのだ、とする。これはちょっと回りくどいように思う。

馬《ば》脚《きゃく》

芥川龍之介は『あの頃の自分の事』（三）に、大学の講義について、

さもないと同じ出たらめでも、新聞や雑誌へ出た評論より、大学でやる講義の方が、上等のやうな誤解を天下に与へ易いからね。それも実は新聞や雑誌へ出る方は、世間を相手にしてゐるんだが、大学でやる方は学生だけを相手にしてゐるんだから、それだけ馬脚が露れずにすんでゐるんだらう。

という感想を述べている。隠していた正体や悪事が現れてしまうのが「馬脚を露《あらわ》す」だ。

馬脚（鹿の巻筆）

「馬脚」が辞書に載ったのは、明治三十一年に出た落合直文『ことばの泉』に「うまのあしに同じ。俗語。」とあるのが最初か。この辞書の「うまのあし」には、「下等の俳優を嘲りていふ語。」とある。これでは何を演ずる役者なのか分からないが、前の「大根役者」のところに書いたとおり、歌舞伎の馬は下級の役者が縫いぐるみに入ったものだ。しかし全く下手な役者では馬の脚、特に後ろ脚は勤まらないと聞いたこともある。

　鹿野《しかの》武《ぶ》左《ざ》衛《え》門《もん》の貞享三年（一六八五）刊の笑話本『鹿の巻筆』（三）に「堺町《さかひちやう》馬の顔見世」という話がある。斎藤甚五兵衛という男が役者になり、顔見世に出ると言って知人に祝儀を出すことを頼んだ。見物に行くと甚五兵衛は馬の後ろ脚なので、皆が「いよ、馬様馬様」とほめると、甚五兵衛は「いいんいいん」と言いながら舞台の中をはね回った、というのだ。馬の脚が目立っては困るのだ。

「馬脚を露《あらわ》す」という言葉は中国から伝わったものだった。『通俗編』（獣畜）に、元曲選の『陳州糶米劇《ちんしゅうちょうまいげき》』に「露出馬脚来（馬脚を露出して来たる）」とあると記すとあり、真相を露出する、ばけの皮がはげるの意味だそうだ（『大漢和辞典』による）。中国でも舞台の馬は縫いぐるみで、下級の役者が入ったようだ。

大向《おおむ》こう

うまい芸で人気を集めることを「大向こうを唸《うな》らせる」と言う。矢田挿雲の『江戸から東京へ』（日本橋区）に、寛永十一年（一六三四）に山村又十郎が江戸の葺屋町《ふきやちょう》で「鞘当《さやあて》」を演じたことを記して、「この芸題は後に市村座の当り狂言と成り、江戸時代の情調は今もって大向うを唸らせる。」とある。本来は歌舞伎について言った語だ。

「大向こう」は、劇場の舞台正面の二階桟敷のいちばん後ろの立見席のこと。この席は安価だけれど、芝居通の目の肥えた観客が多く、この席からの賞賛や批難は有力な批評だった。その観客を唸らせるのは名演技だからだ。

大正十二年の関東大震災の後に、東京の劇場は座席を改めて椅子席にしたので、立見席のある劇場はほとんど無くなった。

檜舞台《ひのきぶたい》

島崎藤村『破戒』（五・二）
殊に風采の人目を引いたのは、高柳利三郎といふ新進政事家、すでに檜舞《ひのきぶ》台《たい》をも踏むで来た男で、今年もまた代議士の候補者に立つといふ。

とある。腕前などを示せる晴れの場所、第一線が「檜舞台」だ。用例は江戸中期から見える。本来は字のとおり檜の板を張った舞台の意味だ。永井荷風『腕くらべ』（九）に、

劇場から劇評家として或は作者として招待される事があれば場末の小芝居だらうが本場の檜舞台だらうが、そんな事には一向頓着せず必ず義理堅く見物に来る。

とある。この例から分かるとおり、「場末の小芝居」に対する「本場の檜舞台」だ。格式のある舞台のことだ。近松門左衛門の浄瑠璃『傾城酒呑童子《けいせいしゅてんどうじ》』（四）に、

かねて催すひの木ぶたいも成就し、今日こそここを晴れの能。

とあるなど、江戸中期から見える。この例は能の舞台だ。本来は能舞台に言ったのかもしれない。

「場末の小芝居」などには何の板が張ってあるのだろう。

板《いた》に付《つ》く

織田作之助の『夫婦善哉《めおとぜんざい》』に、「半年経たぬ内に押しも押されぬ店となった。蝶子のマダム振りも板についた。」とある。仕事に慣れたことに言う。

大正ころから例が見られる。

この「板」は舞台のことで、役者が経験を積んでその芸が舞台に調和するようになることが「板に付く」の本来の意味だ。戯曲などを上演することを「板に掛ける、板に上《のぼ》す」と言うのも、舞台に掛けるの意味だ。

どんでん返《がえ》し

上方落語で独特のスタイルを作り上げた二代目桂枝雀《かつらしじゃく》（昭和一四―平成一一）は、落語のサゲ（落ち）を「ドンデン」、「謎解き」、「へん」、「合わせ」の四つに分類した（『まるく笑ってらくごDE枝雀』）。ドンデンは、「「こっちかいな」と思てたら「あっちやった」というやつですわ。それまで隠されてた新しい情況がパッとあらわれてサゲになる、いちばん鮮やかな型ですな。」「サゲの前に安心があるというのが「ドンデン」の一大特徴ですわ。「ドン」で安心して「デン」でひっくり返すわけですな。」と説明している。ドンデンを用いた説明は面白いが、ドンとデンとに分かれるものではない。一気に逆転するのが「どんでん返し」だ。

よく出来たミステリーでは、最後になって思いがけない人が犯人と分かるというどんでん返しがある。探偵が犯人（ガストン・ルルーの作が有名）とか、物語の語り手が犯人（アガサ・クリスティの作が有名）など、作者は色々などんでん返しを作りだすのに苦労している。

「どんでん返し」も本来は演劇の用語だ。舞台の奥の底辺を軸にして九十度後ろに倒し、それまで底だった面を正面にして舞台を転換することを言う。一例をあげると、『青砥稿花《あおとぞうしはなの》紅彩画《にしきえ》（弁天小僧）』の三幕目で、鎌倉の極楽寺の山門の屋根の上の場面から「この屋根を後ろへあふり返す、とこの後ろに山門を取り付けある」ということになって、山門の正面の場面となるのがどんでん返しだ。ドンとかデンとかはそれをする時の音か、あるいはズデンと倒れるなどのデンだろう。

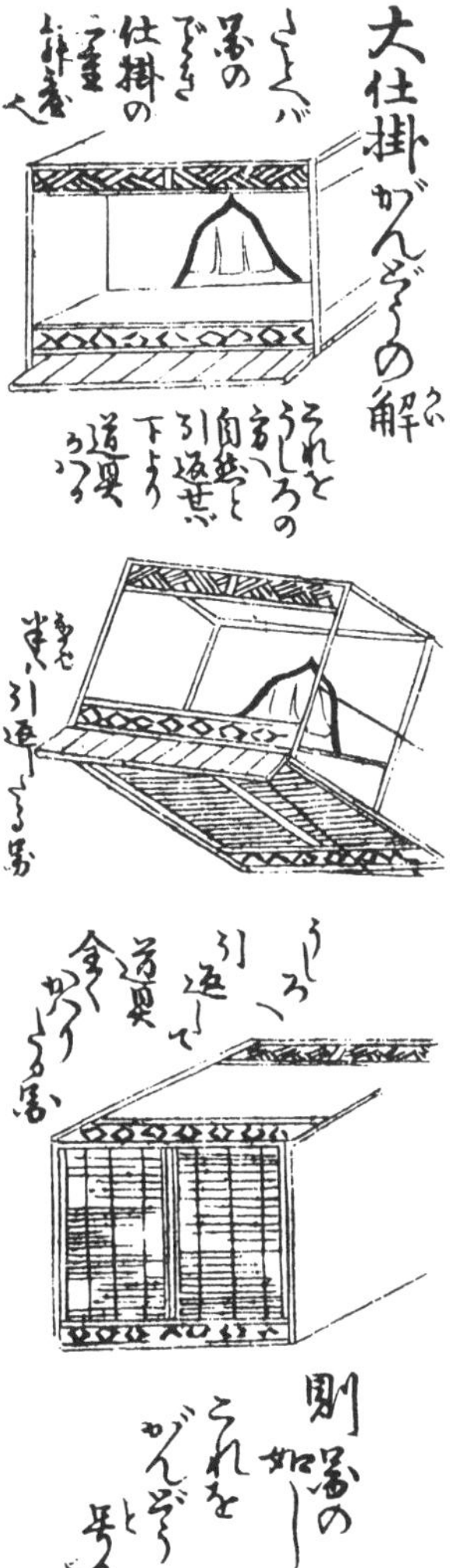

どんでん返し（戯場訓蒙図彙）

かぶりつき

観客席の舞台にいちばん近い最前列が「かぶりつき」だ。これはもとは大阪での語だった（守貞謾稿《もりさだまんこう》・雑劇）。

その語源について、『演劇百科大事典』に、二つの説があることを記す。

その一つは、歌舞伎や人形浄瑠璃の演出に主として立ち回りの場合などに本水・本雨・本泥を使用することがある。そのため劇場側は最前列の観客のために桐油《とうゆ》のかぶり物を用意しておいたので、かぶり物付と言うことからかぶりつきと呼ぶようになった。ほかの説は、口をあいてがぶりと舞台にかぶりつくような場所だからという説。

この第一説はほんとうにそんなものを配ったのか疑わしいが、この項目の執筆者は演劇史研究の第一人者だった河竹繁俊氏なので、否定しにくい。でも、「欲深く舞台のそばで雨に濡れ」（楊多留拾遺・九）という古川柳からは、かぶり物を配ったとは思えない。

ストリップ劇場の最前列を見れば、第二の説に従いたくなるはずだ。

花道《はなみち》

永井荷風『すみだ川』（六）に、「女に扮した役者は花道の尽きるあたりまで出て後を見返りながら台詞《せりふ》を述べた。」とある。

初めて歌舞伎を見た時に、舞台に向かって左のほうに花道があるのを奇異に思ったが、慣れると、主要な人物が出てきたり入ったりするのをよく見せる設備としてうまいことを考えたものだと思うようになった。

その起源については、俳優が出入りするということでは能舞台の左後方にある橋懸《はしがか》りの影響が考えられ、舞台の前に付くということでは能舞台正面の白州梯子《しらすはしご》の展開したものとも見られる。

必要があれば、上手《かみて》つまり観客席から右手にもう一つ花道を付けることがある。「仮花道」

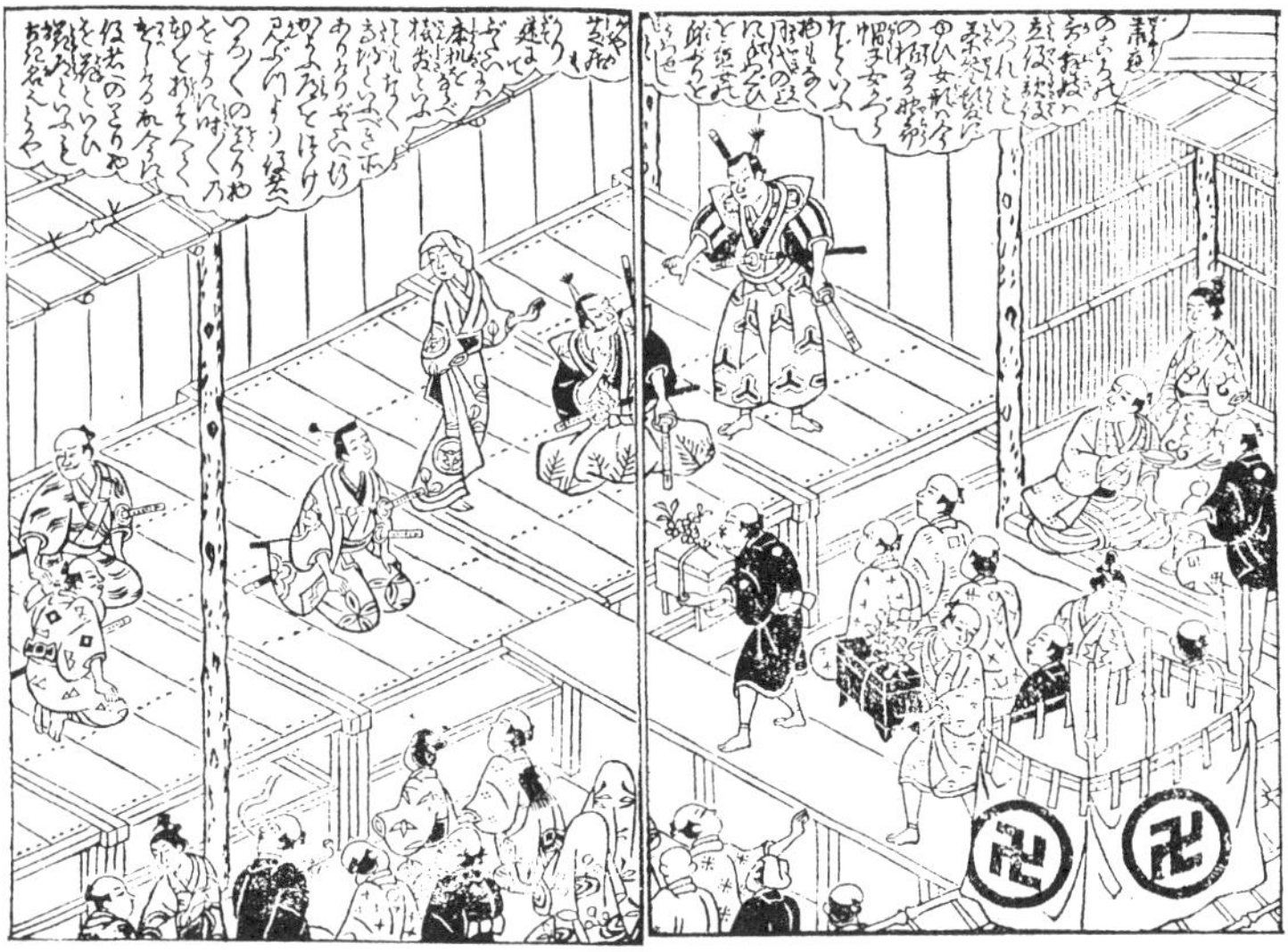

花道（古今役者大全・四）

と言う。

語源について、寛延三年（一七五〇）に出た『古今役者大全』（四）に、「舞台へ行き通ふ道を付け、見物より役者へ色々の贈り物をするに、時々の花を折り添へて遣はしける故、今に役者への贈り物を花といひ、花道といふも古き名なりとかや。」とある。役者への贈り物には花の枝を付けたので花と言い、それを運ぶ道を花道と言ったというのだ。ハナを中国風に「纏頭」と書くこともある。

「男の花道」というと、花々しく引退することだ。登場に言っても良いはずだが言わないようだ。

奈落《ならく》

戸板康二の『奈落殺人事件』に、

芝居のほうでは、劇場の地下室、つまり舞台や客席の真下に当る部分を「奈落」といっている。怪談狂言で、うらめしそうな顔をした幽霊が「ともに奈落につれ行かん」という、あの奈落のことで、つまり地獄の底とでもいう意味だ。

劇場でも、一般の観客が歩く範囲は、よそゆきに飾って、たとえば床《ゆか》にも敷物を敷いたり、壁には布を張ったりして、いかにも華やかにしつらえられている。これに反して、観客の目の届かない、裏の部分は、設備の費用を節減するためか、そういう一切の装飾を廃し、床も壁も、むきだしのままという、まことに殺風景な有様である。コンクリートで固めた床の上に、あいだの透いた渡りの板が、少しずつの間隔をおいて、並べられている。

とある。「奈落」の説明として十分だ。江戸後期から例が見られる。

「奈落（那落）」は梵語ナラカに漢字を当てたもので、地獄の意味だ。源信の『往生要集』（上・大文四・讃歎門）に、「調達《でうだつ》（釈迦に敵対した人）は六万蔵の経を誦《じゅ》せしも、猶《な》ほ那落を免れざりき（原漢文）」とある。昭和三十年に鶴田浩二が歌った「赤と黒のブルース」（宮川哲夫作詞、吉田正作曲）の歌い出し「夢をなくした奈落の底で、何をあえぐか影法師」は、現在でも地獄の意味に用いている例だ。

舞台下の意味になったのは、地下の暗い場所だからだろう。

「奈落」をいちばん最後の意味に用いることもあった。近松門左衛門の浄瑠璃『雪女五枚羽子板《ゆきおんなごまいはごいた》』（上）に、「御身の上、ならくまでも隠密ぞや」とある。

黒幕《くろまく》

福沢諭吉の『福翁自伝』に、文久三年（一八六三）に薩摩藩士がイギリス人を殺した生麦事件の後始末の談判について記した中に、

今度薩州の人が江戸に来て英人との談判に付き、黒幕の大久保一蔵は取敢《とりあ》へず清水卯三郎を頼み、兎に角に此戦争を暫く延引して貰ひたいと云ふ事を、在横浜の英公使ジョン・ニールに掛合ふことにした。（大久保一蔵は後の大久保利通。清水卯三郎は商人で福沢と親しく、『福翁自伝』のこの辺は清水からの伝聞を記している。）

とある。福沢は「黒幕」を今と同じに表面に出ないで陰から指図する人の意味で用いている。「黒幕」の本来の意味は、字のとおり黒い幕、特に歌舞伎で、夜の闇を表したり、夕景、淋しい場所、幽霊などの出現の背景に用いたり、場面の変わり目に舞台を隠したりするのに用いる黒い幕を言う。舞台を隠しておくことから、表に出ないで指図する人を言うようになったのだろう。

幕開《まくあ》き・幕切《まくぎ》れ

「幕」という語の入る言葉には、劇場関係から起こったものが多い。それをいくつか。

幕が開けば芝居が始まり、切り（最後）になれば、一段落で幕が閉まる。

「幕あきの役者動いてつっぱいり（雀芝）」（川傍柳・四）という古川柳は、幕開きに出る役者は端役でちょっと動いてひっこむことをひやかした句だ。

式亭三馬『浮世風呂』（前・上）の朝の店開きのところに、「家々の火打の音カチカチカチ○この幕あきに出づる者は三十あまりの男」とあるのは、火打ち石の音を拍子木の音に見なして、この小説の始まりの意味で「幕開き」と言ったものだ。

「幕切れ」のほうも、森田草平『煤煙』（三二）に、「二人の関係を終るには、切《せ》めて幕切れなりと好くしたい。出来ることなら言ふことも言ひ、聞くことも聞いて、すべて精算した上で二たび相見ないやうになりたい。」とあるのは、意味がズレて、物事の終わりに用いた例だ。

「幕切れ」は、「芝居ですると、彼《あれ》コッキリが幕切りの拍子木だらう」（七偏人・初中）のように「幕切り」とも言う（「幕明き」も「幕明け」とも言う）。

同じことを開幕・閉幕とも言うのは、明治以後のことのようだ。「今年も三月にプロ野球が開幕する。」などと、意味を広げても用いる。

幕無《まくな》し

幕を引かずに大道具などを急速に動かして場面を転換するのを「幕無し」と言う。その場合は役者は引っ込めないから、演じ続けなければならない。それで、絶え間なく、ひっきり無しの意味で「幕無し」と言う。河竹黙阿弥の歌舞伎『蔦紅葉《つたもみじ》宇津《うつの》谷峠《やとうげ》』（三）で、お百という老婆について、

（三太）「よくしゃべる婆さんだ。」
（十兵衛）「いつもながら幕なしには困る。」

と評する会話がある。

坪内逍遥『当世書生気質《かたぎ》』（一七）に、

兼て一昨日《おとゝひ》を期日にして旧い借財をいひ延《のば》したり。一寸時借《ちょっとときがり》をしておいたから。一昨日になって来るとも〱。陸続幕《のべつまく》なしに責《せめ》かけたる。hetrogeneous《ヘトロゲニヤス》（種々雑多）の借金取。

とある。今は同じ意味の「のべつ」と続けて用いて強調して「のべつ幕無し」と言うのが普通で、「幕無し」だけではあまり使わないようだ。

幕《まく》の内《うち》

「幕の内」にはいろいろな意味がある。花見などで幕を貼りめぐらした幕の中もそうだ。

芝居では、幕の内側、つまり舞台も言うことがあり、「幕の内よりちょんちょん打ち続け（刀を打ちあう音をさせ）、唄にて幕開く」（歌舞伎・傾情吾嬬鑑・一・四）のように、幕の閉じている間も言う。

幕の閉じている間、幕間《まくあい》に食べる弁当も「幕の内」だ。これは『守貞謾稿《もりさだまんこう》』（雑劇）に、丸く扁平な握り飯をわずかに焼いたものに、焼き鶏卵・蒲鉾・蒟蒻《こんにゃく》・焼き豆腐・干瓢《かんぴょう》を添えたもので、江戸芳町《よしちょう》（東京都中央区）の万久という店で作って届けた、とある。焼き握りで、肉類が入っていないところが今のとは違う。

大槻文彦『大言海』に、「一説ニ、小サキ握飯ニテ、小結《コムスビ》ハ相撲ニテ幕ノ内ナレバ云フト、イカガ」とある。自ら「イカガ」と疑っているとおり、こじつけだが、シャレとしてはこの方が面白い。

相撲の上位力士を「幕の内（幕内）」と言うのは、江戸時代に将軍の上覧相撲で幕を張った中に入ることの出来る勝れた数人の力士を言ったのが始まりだ。

捨《す》て台詞《ぜりふ》

時代劇で笠をかぶった股旅の男が去ってゆく時に言う、「お前《めえ》たちの幸せを祈ってるぜ、じゃァ、アバヨ」が捨て台詞だ（余談だが、時代劇でヤクザがかぶっているのは女笠で三度笠ではない）。

谷崎潤一郎『異端者の悲しみ』（二）には、「結局親父は我を折って、多少哀願的な調子になって、捨て台詞を云った揚句に章三郎を放免する。」とある。普通の会話の最後の別れぎわに言う、憎まれ口、おどし文句などを言うこともある。

セリフということから分かるとおり、もともとは歌舞伎の用語だ。ト書きに、「二階より三五兵衛、捨てゼリフにて下りて来る。」（五大力恋緘《ごたいりきこいのふうじめ》・中幕）などとあるように、台本には書いてないことを役者が場面に合わせて言うのを捨て台詞と言う。つまりアドリブだ。うまい捨て台詞は型になって後の役者たちに伝えられることがある。

永井荷風の日記『断腸亭日乗』の昭和十五年八月二十三日の条に、「オペラ館楽屋の壁に其筋よりの御注意により台詞は台本の通に言ふ事与太台詞捨台詞は厳禁の事と云ふ貼札を見る。役人達は捨台詞と云ふ事の意味が分からぬらしいと云ふものもあり。」とある。そのころにはこんなことまで規制したようだ。

これは登場や退場の場面に使うことが多い。そこで、「ハイさやうなら（ト捨てせりふにて風呂へいる）」（浮世風呂・二・上）のように、別れる時に一方的に言い捨てる言葉も言うようになった。

切《き》り口上《こうじょう》

歌舞伎の台本を読むと、最後に「頭取　先づ今日はこれぎり。」と書いてあることがある。初めて見た時にはナンダコレハと思った。これを「切り口上」と言うのだそうだ。歌舞伎の一日の演目が終わる時に、楽屋の頭取か座頭《ざがしら》の役者が出て来て、観客に一礼してこれを言うことになっていた。切り（終わり）の口上ということだ。江戸時代には必ず行ったのだが、今は古風な演目の時に行われるだけだそうだ。

ただし「切り口上」には別の意味もある。宝暦三年（一七五三）刊の静観房好阿《じょうかんぼうこうあ》の小説『教訓続下手談義』（二）に、馬左衛門《まざえもん》という人の親類への教訓状に、「口上など不束《ふつつか》にても苦しからず候。慇懃《いんぎん》にさへ御申し候へば、少々片言交りがよく候。子細に巻き舌・切口上必ず憎まるる基《もとゐ》にて候」とあるのは、一語ずつ区切るようにはっきり言う、堅苦しい言葉つきのことだ。J・C・ヘボン（Hepburn）の慶応三年（一八六七）に出た和英辞典『和英語林集成』に、「A formal or precise way of speaking（正式なまたは明確な話し方）」という英訳がある。

どちらが先に出来た語なのか、あるいは無関係なのか。『歌舞伎事典』（昭和五三）では、歌舞伎のものが型にはまっていかめしいので、堅苦しく冷たい言いかたをも言うようになったとする。しかし『教訓続下手談義』の例はかなり古くて、歌舞伎と関係が無さそうだ。歌舞伎のほうではそれ以前から言ったかどうか知りたいものだ。

寺田寅彦の短章を集めた『柿の種』の「講演の口調」に、

ラヂオなどで聞くえらい官吏などの講演の口調は一般に妙に親しみのない鹿爪らしい切口上が多くてその内容も一応は立派であるがどうも聴衆の胸にいきなり飛込んで来るやうなものが少ない。

とある。エラい人のお話はそんなものだ。

だんまり

高村光太郎の詩「深夜の雪」（『智恵子抄』所収）に、

やがてぽんぽんと下駄の歯をはたく音

あとはだんまりの夜も十一時となれば

話の種さへ切れ

紅茶ものうく

ただ二人手をとって

声の無い此の世の中の深い心に耳を傾け

とある。ダンマリは黙りにンが入っただけで、普通にも「皆みなをかしさを隠し、だんまりにて聞いてゐる。」（東海道中膝栗毛・二・上）などと、黙っていることも言うのだが、『東海道四谷怪談』（三幕目）のト書きに、「これより鳴り物、だんまりになり、三人暗がりの立ち回り」とあるのは、歌舞伎での独特の使い方だ。暗闇の場面で登場人物が無言で探りあいの動きをする演出を言う。暗闇と言っても、舞台が暗くては見えないから、黒幕で闇に見せ、その前で役者はスローモーションの動きをする。歌舞伎独特の演出だ。永井荷風『すみだ川』（七）では、歌舞伎『十六夜清心《いざよいせいしん》』の舞台を、

　舞台はやがて昨日の通りに河端《かはばた》の暗闘《だんまり》になって、劇の主人公が盗んだ金を懐中《ふところ》に花道を駈《かけ》出《い》でながら石礫《いしつぶて》を打つ、それを合図にチョンと拍子木が響く。幕が動く。

と描いている。

見得《みえ》

　ミエは動詞「見える」の名詞形で、見えること、見た目の意味から、他人によく見えるようにうわべを飾ること（「見得を張る」など）にも言うが、歌舞伎で、役者の気持ちや動作が頂点に達したことを示すために、一瞬動きを止めて目立つポーズをとることも言う。ことに「見得を切る」というのは歌舞伎での言葉だったが、今は自分を誇示することを言うようになっている。

与謝野晶子の『帰ってから』に、
鏡の前へ一寸嘘坐《ちよつとうそずわ》りして中を覗《のぞ》くと、今の紫の襟が黒くなった顔の傍に、見得《みえ》を切った役者のやうに光って居た。

とあるのは、演劇を念頭に置いた表現だ。

もっと大袈裟にやれば「大見得」だ。大杉栄『日本脱出記』（パリの便所・三）に
するど、ボーイらしい男がやって来て、

「いい席にいたしませうか。」

と言ふ。

「ああ、一番いい席にしておくれ。」

僕はどうせ高の知れたものと見くびって大見得をきった。

とある。

文政三年（一八二〇）刊の瀧亭鯉丈《りゆうていりじよう》の滑稽本『花暦八笑人《はなごよみはっしょうじん》』（初・一）で、落語「花見の仇討」の原拠となっている茶番を計画する場面に、「そこで又タテ（斬り合いの場面）だが、それもバタくくヤどっこいと、見えになってはよくねえぜ。」と言うところがある。わざとらしく大袈裟な動作をするなということだ。

立《た》ち回《まわ》り

夏目漱石『道草』（五）に、

「其代り姉さんも負けてる方ぢゃなかったんだからな」

「なに私《あたし》ゃ手出しなんかした事あ、ついの一度だってありゃしない」

健三は勝気な姉の昔を考へ出してつい可笑《をか》しくなった。二人の立ち廻りは今姉の自白するやうに受身のものばかりでは決してなかった。

という一節がある。取っ組み合いの喧嘩が「立ち回り」だ。

永井荷風『腕くらべ』（二）に、「舞台の方では立廻でもあるのか頻に付板を叩く響がする。」とあるように、これは元は歌舞伎の用語で殺人や捕物などの闘争の演技を言う。歌舞伎『助六《すけろく》所縁江戸桜《ゆかりのえどざくら》』（文化八年〈一八一一〉初演）に

助六　小癪《こしゃく》な。きりきり友切丸（刀の名）を渡せ。

意休　せん平、ぬかるな。

せん平　合点だ。

三人　どっこい。

ト、これより宜しく立廻りあって、いづれも手負ふ。

とある。

「たて（殺陣）」と同じとされるが、為永一帳の宝暦十二年（一七六二）刊『歌舞妓事始《かぶきじし》』（二）

に、「すべて楽屋の通用ことば様々あり。大勢相手にして太刀打ちするをたてと言ひ、少しき事を立廻りと言ひ」とあり、古くは「たて」よりも小規模のものを言ったのかもしれない。

能にも立ち回りがある。シテ（主役）が歌詞無しで筋かに舞台の上を歩きまわることを言う。歌舞伎のとはだいぶ違う。歌舞伎のほうは独自に言い出したものだろう。

泥《ど》仕《じ》合《あい》

寺田寅彦の昭和九年の随筆『学位について』に、「議会でも暴露の泥試合にのみ忙しくて積極的に肝要な国政を怠れば真面目な国民は決して喜ばないであらうと同様に」とある。互いの秘密や弱点をあばき立てて言い争うことが「泥仕合」だ。議会というところはいつになっても同じことをしているようだ。

これのもとの意味は、泥にまみれて争うことで、それを歌舞伎で演ずる時には、舞台に泥田を作ってその中で立ち回りすることを言う。『歌舞妓年代記』（四）に寛延二年（一七四九）九月の江戸の市村座の『曾《そ》我《が》後《ご》日《にち》難波《なにわの》かしこ』で「助五郎非人の物もらひ

泥試合（戯場訓蒙図彙・四）

となり三味線を弾き（略）後に市松と泥仕合」とあるのが最初と思われると言う。

歌舞伎が先か普通の語が先か。江戸中期には歌舞伎で演じているのだから、歌舞伎から出て普通の語になったのではないかと思う。泥を塗りつけ合うのが、みにくい争いということになるのだろうか。

正念場《しょうねんば》

獅子文六『てんやわんや』（相生長者）に、

「はッ」

と、私もここが正念場であるから、あらゆる恭謙卑遜の態度をもって、入口の敷居際で、両手をつき、長い挨拶を始めた。

とある。大事な局面、肝心の所を「正念場」と言う。

もともとは歌舞伎で「性根場《しょうねば》・正念場」と言い、登場人物がその役の性根（性格・心理）を見せる重要な場面のことだ。『菅原伝授手習鑑《すがわらでんじゅてならいかがみ》（寺子屋）』であれば首実検、『冥土の飛脚』であれば封印切がそれだ。長谷川時雨『旧聞日本橋』（流れた唾き）に、「新富座に時の大名優九世市川団十郎が「渡辺崋山」をして、切腹の正念場の時、私は泣出したのだそうだ。」とある。

もとは性根場だったが、仏教の「正念」（乱れの無い安らかな心）から類推して「正念場」になったと見られる。

大詰《おおづ》め

「今年のペナントレースも大詰めだ」などという「大詰め」は、もともとは江戸の歌舞伎で一番目狂言（時代物。二番目は世話物）の最後の幕のことだ。

文化十年（一八一三）に出た『浮世風呂』（四・下）に次の会話がある。

「……此方等《こっとら》が二才子共《にせえっこども》（青二才）の時代《じでえ》にゃア、大詰《おほづめ》といふものがあったが、近頃はさっぱりやめた。」

「さやう〳〵。ア、大詰《おほづめ》といふものは華やかな能物《いいもの》さ。惣座中《そうざちゅう》の役者が残らず出て、両大将が馬に騎《の》って左右に立ち並ぶ。」

「再会〳〵とかいふ事を言って両方がにらみ合ふネ」

大詰めでどんなことを演じたかが分かる。また、江戸後期には行わなくなっていたことも分かる。

　大詰めに足ばかりいる役者出る　　眠狐（川傍柳《かわぞいやなぎ》・四）

という古川柳は、斬られてとんぼ返りをするための下っ端の役者も出ることを詠んだものだ。

　後には多幕物の最後の一幕を言うようになった。複雑なストーリーがすべて解決して終わる幕だ。そこから、「いやなお人にはお酌をせぬといふが大詰《おほづ》めの極りでござんす」（樋口一葉『にごりえ』二）のように、物事の最後を言うようになった。例は江戸中期から見える。

ちょん

物事の終わりをチョンと言うことがある。明治五年刊の仮名垣魯文《かながきろぶん》『安愚楽《あぐら》鍋《なべ》』（三上）に、「どうかこれでお酒はちょんと、くぎりの飯《さいこ》をしめるとしやせうじゃァごぜへせんか」とあるのは、酒はこれで終わりにするということだ。

チョンは拍子木の音の擬音語だ。芝居の幕切れの合図にまず一つ拍子木を打ち、それから合間を縮めて行き、最後には連打して幕が閉まる。最初のチョンはそれまで熱中していた観客に幕切れを予告するためのものだ。

この拍子木は、回り舞台を回す時にも打つ。永井荷風『すみだ川』（六）に、「舞台はチョンと打った拍子木の音に、今丁度廻って止った処である。」とある。

けれん

大槻文彦の『言海』に、「けれん　紛《マギ》ラカスコト。（東京）欺罔」とある。明治二十五年刊の山田美妙『日本大辞書』では、「けれん　方言。ゴマカシ（今日東京デハ既ニ廃語トナル）。」とするが、今でも着実・誠実などの意味で「けれんの無い」と使うことがある。「外連」と書くことがあるがこれは当て字だ。残念ながら語源は分からない。

これはもとは演劇用語だ。『日本国語大辞典』（第二版）に「芸の本道からはずれ、見た目本位の奇抜さをねらった演出。離れ業（わざ）、早変わり、宙乗りなど。歌舞伎や人形浄瑠璃に多い。」とする。かなり否定的な書き方だが、他の辞典もたいていはこれと同じようだ。しかし、演劇は見せるものなのだから、写実的なことばかりでは飽きられてしまうだろう。たとえば『東海道四谷怪談』での仏壇返し・提灯抜け・戸板返しなどの演出には、観客にアッと言わせる面白さがある。けれんは歌舞伎の演出の一つの特色なのだ。

式亭三馬の滑稽本『狂言田舎操』（上）で、倉太夫という浄瑠璃語りのことを、「倉さんは声の好《い》い上に、けれんをまぜて語る。」と評しているのは、浄瑠璃の語り方に普通とは違ったところがあるのだろう。芥川龍之介の『本所両国』（富士見の渡し）に、

僕は近頃大阪へ行き、久振りに文楽を見物した。けれども今日の文楽は僕の昔見た人形芝居よりも軽業じみたけれんを使つてゐない。

とある。大正時代の文楽は奇抜さを嫌ったのだろうか。

差《さ》し金《がね》

夏目漱石の『坊っちゃん』（一一）に、

「……なんで田舎の学校はさう理窟が分らないんだらう。焦慮《じれった》いな」「それが赤シャツの差金だよ。……」

という会話がある。

大田南畝《なんぽ》の随筆『一話一言』（補遺・七。ただしこの部分は南畝と関わらないとも言う）の「三芝居通言葉」の中に、「さしがねとは　我は隠れてゐて人を遣ふ事」とある。もとは芝居の社会での言葉だった。

歌舞伎での差し金について、同じ『一話一言』に、「さしがね　これは鶏・狆犬《ちんいぬ》・鼠・蛇・

蛙・狐と鬼火・怨み火の類、みな差し金とて、長き竹に付けて遣ふ」とある。小さい動物や鬼火などを先に付けた黒塗りの細い竿《さお》で、後見や黒子などが差し出して動かす物だ。

人形浄瑠璃にも「差し金」がある。操り人形の腕にしかけた長い棒で、これで腕を動かしたり、それに付けた麻糸で指や手首を動かしたりするのに使う。

浄瑠璃のにしても歌舞伎のにしても、物を操るのに用いる。そこから隠れて人を操ることにも言うようになった。

なお大工道具の曲尺《かねじゃく》も差し金と言うが、これは操る意味とは無関係だろう。

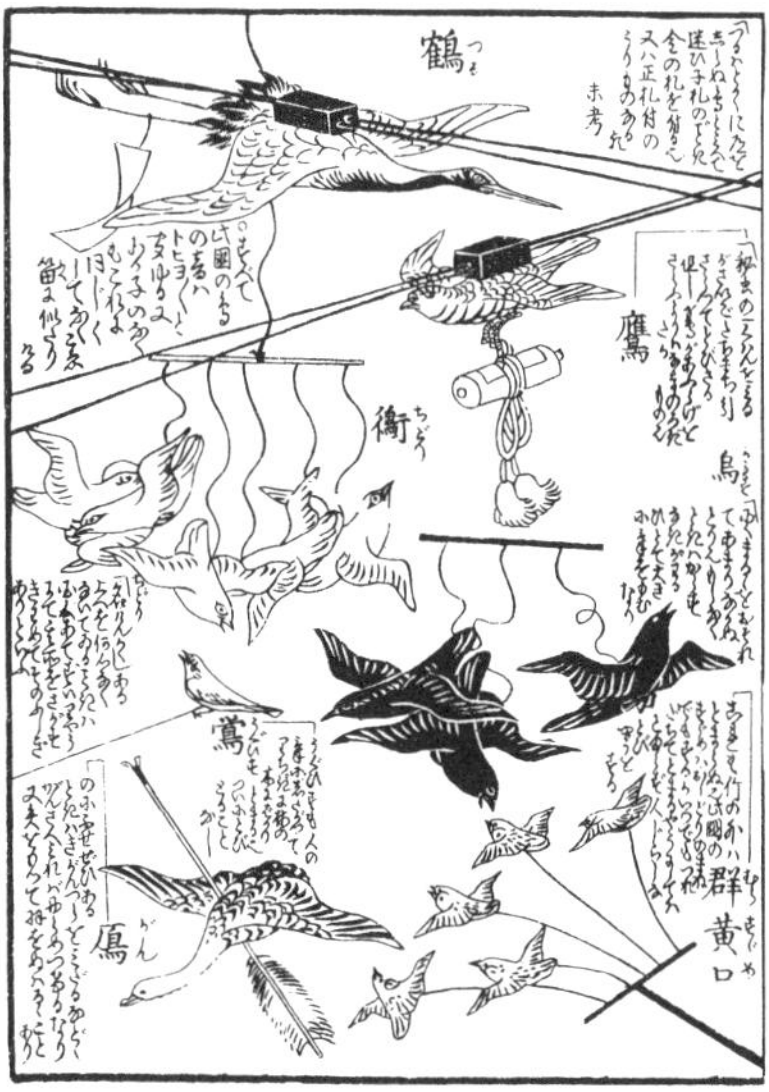

指し金（戯場訓蒙図彙・五）

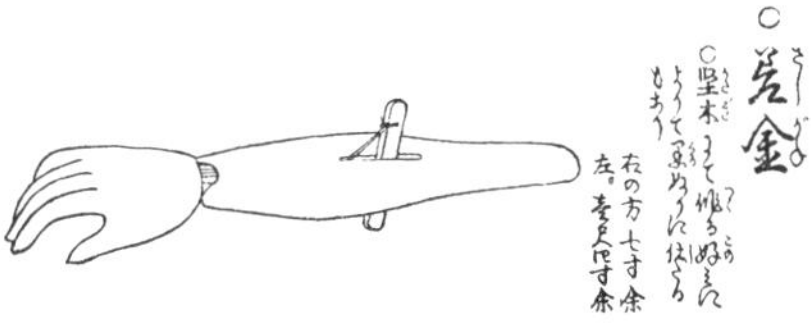

浄瑠璃の差し金
（戯場楽屋図会拾遺）

鳴《な》り物《もの》入《い》り

大袈裟に宣伝することを「鳴り物入りで」と言う。「鳴り物」は、歌舞伎では三味線を除いた鉦《かね》・太鼓・笛などの囃子《はやし》のことで、見世物・寄席では三味線も含む。歌舞伎ではにぎやかな場面が「鳴り物入り」になる。

森鷗外『雁』(漆《しち》)に、流しの声色使いが来たのについて、

「いえ、近頃は大学の学生さんが遣《や》ってお廻りになります。」

「矢っ張鳴物入で。」

「えゝ。支度から何からそっくりでございます。でもお声で分かります。」

という会話がある。

島崎藤村『夜明け前』(第二部・上・四・二)に、「あの先年の「えゝぢゃないか」の騒動の折に笛太鼓の鳴物入りで老幼男女の差別なくこの街道を踊り廻ったほどの熱狂が見られるでもない。」とあるのは、幕末の人々が踊り狂った「ええじゃないか」を言った思いがけない例だ。

そんなふうにはやしたてるので、大宣伝にもいうようになった。

大時代《おおじだい》

ひどく古めかしいこと、時代遅れなことが「大時代」だ。

太宰治が昭和十六年に書いた『新ハムレット』の「はしがき」に、

このたび坪内博士訳の「ハムレット」を通読して、沙翁の「ハムレット」のやうな芝居は、やはり博士のやうに大時代な、歌舞伎調で翻訳せざるを得ないのではないかといふ気もし

てゐるのでる。

と述べている。

「大時代」とは、浄瑠璃や歌舞伎で王朝時代の宮中や公家などの世界を扱った作品のことだ。藤原鎌足などの登場する『妹背山婦女庭訓《いもせやまおんなていきん》』や菅原道真などが登場する『菅原伝授手習鑑《すがわらでんじゅてならいかがみ》』などがそれだ。江戸時代でも平安時代以前は遠い昔だったのだろう。

十八番《じゅうはちばん》・おはこ

その人の得意の芸を「十八番」と言う。これは七代目市川団十郎が天保初年（一八三〇―）に、市川家に由緒のある十八の演目を選んでお家芸としたもののことだ。この中には天保の当時でも分からなくなっていたものもある。今でも演じるのは、「矢の根」「助六」「暫《しばらく》」「鞘当《さやあて》」「勧進帳」「鳴神《なるかみ》」「毛抜」の七つで、その他に「不動」「嫐《うわなり》」「象引」「外郎売《ういろううり》」「押戻《おしもどし》」「景清《かげきよ》」「関羽」「七つ面」「解脱」「蛇柳《じゃやなぎ》」「鎌髭《かまひげ》」がある。

七代目団十郎はこの後に「舟弁慶」「紅葉狩」

歌舞伎十八番（東京風俗志・下）

などの新歌舞伎十八番も選んだ。また五代目尾上菊五郎は市川家に対抗して「土蜘《つちぐも》」「戻橋《もどりばし》」などの新古十種を決めた。

樋口一葉『大つごもり』（下）には、「これが此人の十八番《おはこ》とはさもさても情なし。」と、「十八番」をオハコと読ませている。

得意の芸を「おはこ」とも言う。二葉亭四迷の『浮雲』（三・一八）に、「またはお得意《はこ》の課長の生計の大した事を喋々と話す。」とあるのは、少し広げて、よくやることの意味に用いたものだ。

大切に育てる娘を「箱入り娘」と言うように、箱に入れるのは大切な物だ。市川家で大切にしている芸がオハコなのだ。

善玉《ぜんだま》・悪玉《あくだま》

今日では善玉菌とか悪玉コレステロールとか、医学の世界で用いるようになった。しかし、坂口安吾『講談先生』に、「日本の講談には語り手の性格がないやうに、語られてゐる人物にも性格がない。善玉悪玉の型があるばかりである。」とあるように、善人・悪人の意味に用いるのが普通だ。昭和五十四年にテレビで放映したアニメ『ゼンダマン』では、少年少女が「善意のかたまり」ゼンダマンになり、その敵がアクダマンだった。幸田露伴『五重塔』（二一）に、

恥しいが肝癪も起し業も沸《にや》し汝《きさま》の頭を打砕《ぶつか》いて遣りたいほどにまでも思ふたが、然し幸福《しあはせ》

善玉と悪玉（心学早染艸・中）

に源太の頭が悪玉にばかりは乗取られ
ず

とあるのは、悪心の意味だ。

『学研国語大辞典』では、善玉を「善人。特に、芝居などで、善人の側に立つ人。善人の役。」としている。歌舞伎に、「善玉悪玉」という通称で呼ばれる舞踊劇がある。天保三年（一八三二）初演の『弥生の花浅草祭』の中の巻のことで、「三社祭」とも言う。浅草寺の観音像を海で得た漁師の浜《はま》成《なり》・武成《たけなり》が、空から下りて来た「善・悪」と書いてある丸い面をかぶって、「とんだ世界に悪玉あれば善玉も、現れ出たる二つ玉」などの歌に合わせて舞う（もう少しこみ入った筋立てだが必要な箇所だけを記した）。

この「善・悪」の丸い面は、寛政二年

(一七九〇)刊の山東京伝の黄表紙(パロディ絵本)『心学早染艸《しんがくはやそめくさ》』に始まる。あらすじは次のようなものだ。理太郎は、よき魂に守られて成長するが、十八歳の時、うたた寝していると悪魂(わる(き)たましい・あくたましい)がよき魂を縛って入り込み、吉原の遊郭に遊んで夢中にさせ、その後は悪魂が優勢で理太郎は悪事に走るが、道理先生に懲らしめられて悪魂は追放され、善心に立ち帰る。

この黄表紙では「善玉・悪玉」という語は用いていないが、これ以前から、江戸の遊里などで、悪人、醜い女を悪玉と言っていた。この作品が流行したことで、善玉・悪玉は黄表紙や浮世絵にも描かれ、歌舞伎にも取り入れられ、流行語となって定着した。

半畳《はんじょう》

井上ひさし『浅草鳥越あずま床』(浅草鳥越あずま床・一)に、

「孝ちゃん、半畳《はんじょう》が入っても構うことはない。どんどん先を続けなよ」

とある。今はほとんど聞かなくなったが、人の言動に非難や冷やかしの言葉を投げかけるのを「半畳を入れる(打ち込む)」と言う。井上氏の小説は昭和五十年に出たものだが、この例は老人たちの会話の中にあるものだ。

陳舜臣の昭和三十六年の『枯草の根』(二六)には、

冷やかしにはちがいないが、相手がやっと自分の話に身を入れだしたのだと思って、小島は半畳を大いに歓迎した。

と「入れる」の無い例がある。

これは歌舞伎から出た言葉だ。歌舞伎役者の佐渡島長五郎（元禄一二（一六九九）―宝暦七（一七五七））の芸談『佐渡島日記』（安永五年（一七七六）刊『役者論語《やくしゃばなし》』所収）に、

見物、おけやおけや（止めろ、やめろ）と声々言ふより、半畳五六枚打ち込むと否や、追ひ追ひばらばらとここかしこより半畳あまた打ち込みける。

とある。半畳というのは、芝居の見物人に賃貸しした畳半畳の大きさの敷物のことで、見物が役者の芸が気に入らない時に、この半畳を役者に投げつけたのが始まりだ。

明和六年―九年（一七六九―七二）に出た小説『当世穴穿《とうせいあなさがし》』（五）に、「うろたへて神主・禰宜《ねぎ》のまねをするによって、儒道から半畳を入れたがる。」とあるのは、歌舞伎から離れて、批判の声をかける意味になっている。

延宝五年（一六七七）？刊の句集『宗因七百韻《そういんしちひゃくいん》』の連句に、「雲雀《ひばり》の声もすだく口上（以仙）／半畳を打ちこむばかり春雨に（旨如）」とあるなど、江戸前期から見られる語だ。

初めに記したように今はあまり聞かなくなったが、現代の例を二つ見付けたので、まだ生きている語ということにして、ここに入れた。

どさ回《まわ》り

久保田万太郎の大正六年の小説『末枯《うらがれ》』に、

「貸席。……貸席のやうな、寄席のやうな、……とにかく二三日前まで

は吉川なにがしと名告るドサ廻りの浪花節がかゝってをりました。」とある。これは浪花節だが、普通は劇団などの地方巡業、地方巡業だけする劇団をどさ回りと言う。

このドサについて『演劇百科大事典』に、

(1)土砂《どしゃ》降りになると休むような田舎芝居の略。

(2)客席も莚《むしろ》を敷いてあることから、土座《どざ》の芝居の略。

(3)どさァ言葉(東北弁)の土地へ芝居をしに行くことの略。

(4)江戸時代、佐渡の金山に人足が不足した時、罪の軽い罪人でも佐渡送りにして、佐渡を逆に読んで「ドサ回しにする」といったことの略。

などの説があるが、(3)の説がいいようである。

とまとめてある。

田舎言葉、東北弁をばかにして、「どさ言葉」と言う。『浮世風呂』(四・下)に、

権助のどさことばにて、「いたこの騒ぎィ、わしも歌ひやせう。」

とあるなど江戸時代からあった。これから考えると、右の(3)の説が良いようだ。

ここからは歌舞伎以外のものをいくつか。

浄瑠璃《じょうるり》

谷崎潤一郎『吉野葛』(四)に、

大阪には、浄瑠璃と生田流の箏曲《さうきょく》と、地唄と、この三つの固有な音楽がある。

とあるとおり、浄瑠璃は大阪を中心として関西のものだろう。織田作之助『大阪発見』(一)には、

足は戎橋《えびすばし》を横切り、御堂筋を越えて四ツ橋の文楽座へ向いた。

デンデンと三味線が太く哀調を予想させ、太夫が腹にいれた木の枕をしっかと押へて、かつて小出楢重氏が大阪人は浄瑠璃をうなる時がいちばん利口に見えるといはれたあの声をうなり出し、文五郎が想ひをこめた抱き方で人形を携えて舞台にあらはれると、ああここに大阪があ

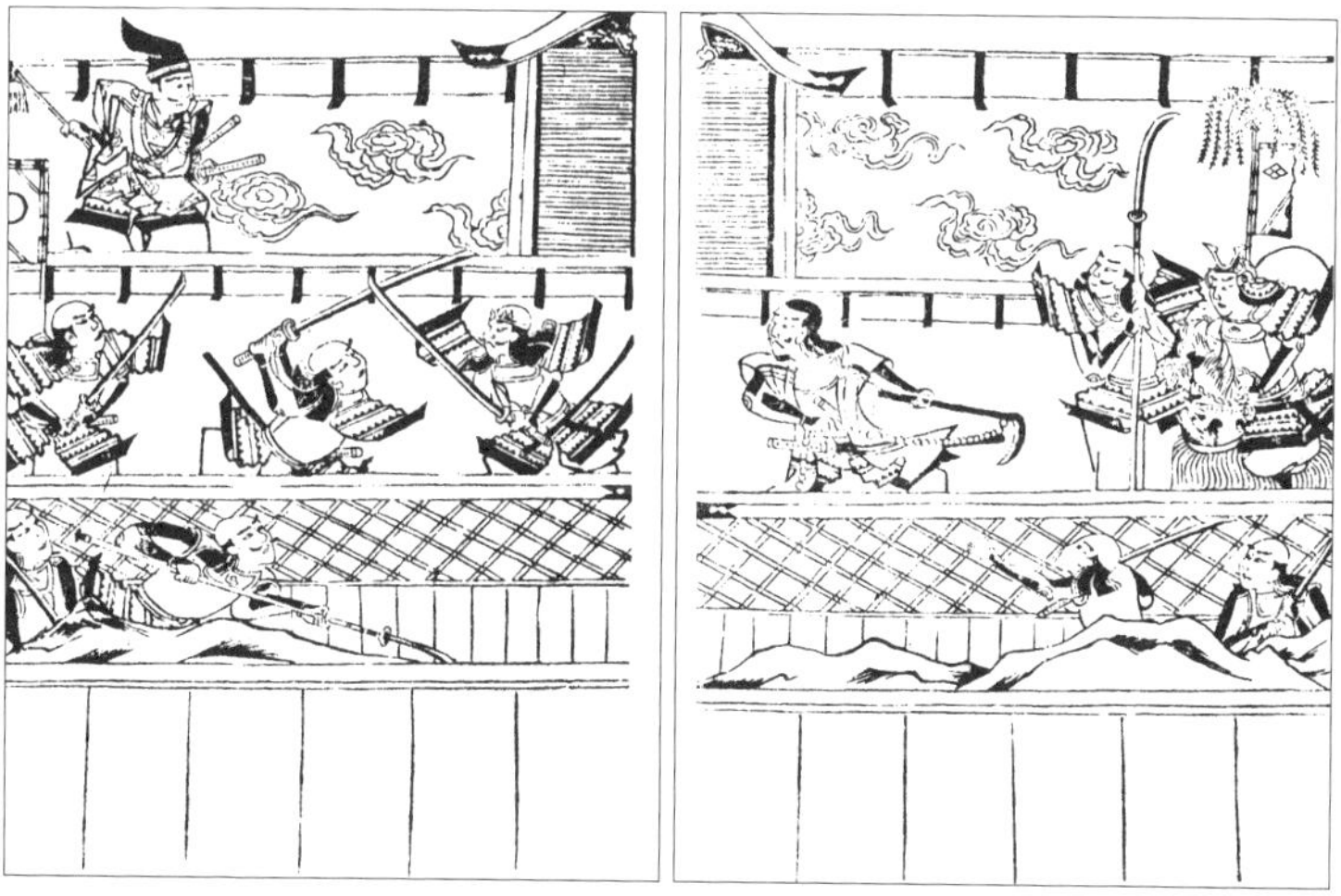

浄瑠璃(西鶴諸国はなし・四・一)

ると私は思ふのである。

とある。

貝原益軒の宝永七年（一七一〇）刊『和俗童子訓』（五）の女の教訓（『女大学』の元になったもの）に、

小歌・浄瑠璃・三線の類、淫声を好めば心をそこなふ。かやうの卑しき狂《たぶ》れたることを以て女子の心を慰むるは悪《あ》しし。

とある。生真面目な益軒先生は、浄瑠璃は卑しくて善良な女子の心を損なう淫声と感じていたのだ。しかし近松門左衛門を初めとして多くの作者が色々な名作を作ったのは、それだけ人気があったからだ。

浄瑠璃というのは本来は仏教語で、浄《きよ》い瑠璃、瑠璃は梵語ヴァイドゥーリャの俗語形ヴェールリヤに漢字を当てたもので、青い宝玉を言う。七宝の一つとされる。そんなわけで人形劇とは直接の関係の無い語だ。

連歌師の宗長の『宗長日記』に、享禄四年（一五三一）八月十五夜に、「小座頭（少年の盲人）あるに浄瑠璃を歌はせ、興じて一杯に及ぶ」とある。室町時代後期に、それまでのさまざまな音曲をもとにして、琵琶や扇拍子に合わせる新しい語り物が作られるようになった。その中で特に流行したのが、『浄瑠璃物語』（『浄瑠璃御前物語』『十二段草子』などとも言う）だった。京都の北の鞍馬山にいた十五歳の牛若丸（源義経の幼名）が、藤原秀衡《ふじわらのひでひら》の臣下の金売吉次に伴われて

浄瑠璃姫と牛若丸
（浄瑠璃十二段草紙）

奥州に下る途中、三河国の矢作《やはぎ》（愛知県岡崎市矢作町）で国司の娘の浄瑠璃御前と恋をする物語だ。ヒロインの名は、両親が峰の薬師（愛知県南設楽《みなみしだら》郡の鳳来寺《ほうらいじ》）に願を掛けて、授かった子であることによる。薬師如来の浄土は東にあり、大地が瑠璃で出来ているので、浄瑠璃浄土、瑠璃光浄土と言う。

後には、伴奏に三味線を用いたさまざまな曲節の多くの語り物が作られ、人形劇にもなったが、名称は「浄瑠璃」のままで続いた。

文楽《ぶんらく》

人形浄瑠璃を「文楽」と言うのは、寛政年間（一七八一―一八〇〇）に淡路島生まれの植村文楽軒（一七三七―一八一〇）が大阪高津橋西詰に人形芝居の座を設けたことに始まる。文化七年（一八一〇）に文楽軒が死ぬと、二代目文楽軒は座を難波新地に移し、三代目文楽軒は明治五年に大阪松島新地に劇場を建てて「官許人形浄瑠璃文楽座」の看板を上げた。明治十七年に御霊神社の境内に移り、「御霊文楽座」として全盛を誇り、他の人形浄瑠璃の劇場が次々と潰れて、文楽座が唯一の浄瑠璃の劇場となり、以後、人形浄瑠璃を「文楽」と呼ぶことが多くなった。この文楽座は明治四十二年に松竹の手に渡り、大正十五年に火災により焼失した。谷崎潤一郎の昭和三年の小説『蓼喰《たでく》ふ虫』（一）に、

「文楽座って一体どこなの？」

「文楽座ぢゃあないんだよ。文楽座は焼けてしまったんで、道頓堀の弁天座といふ小屋なんださうだ」

という会話があるのは、この時期のことだ。

昭和五年に松竹は昭和五年に四ツ橋の近辺にあった旧近松座の跡地にすべて椅子席の四ツ橋文楽座を建てた。「浄瑠璃」のところに引いた織田作之助『大阪発見』（二）に、

足は戎橋《えびすばし》を横切り、御堂筋を越えて四ツ橋の文楽座へ向いた。

とあるのはこの文楽座だ。

昭和二十年三月の空襲で焼失し、二十一年二月に再建し、昭和三十一年に「道頓堀文楽座」を開場したが、興行成績が悪化したなどの理由で昭和三十五年に松竹は土地建物を傍系の歌舞伎座に譲り、昭和三十八年一月に人形浄瑠璃は松竹の手を離れて国・地元自治体・企業の支援を受けるようになった。同年八月に「朝日座」と改称され、「文楽座」は無くなった。昭和五十九年二月に朝日座は閉館となり、三月に大阪日本橋に国立文楽劇場が開場して、ここで定期的な公演が行われるようになって今日に至っている。

義《ぎ》太《だ》夫《ゆう》

長谷川時雨『近代美人伝』の「竹本綾之助」の最初に、義太夫節の特質と成立、その背景についての見解を詳しく述べている。かなり長いが引用する。

泰平三百年の徳川幕府の時代ほど、義理人情というものを道徳の第一においたことはない。忠の一字をおいては何事にも義理で処決した。武家にあっては武士道の義理、市井の人には世間の義理である。義理のためには親子の間の愛情も、恋人同士の迸《ほとばし》るような愛の奔流も抑圧してきた時代である。その人情の極致と破綻《はたん》と、抑《おさ》えつけられた胸の炎と、機微な、人間の道の錯誤を語りだしたのが義太夫節で、義太夫節は徳川時代でなければ、産れないもので他の時には出来ないものだ。というのは、武士道からきた道徳と、儒教からきた道徳と、東洋の宗教が教えた輪廻説の諦《あきら》めとが、一つの纏《まと》められた思想が、その語りものの経《たて》の太い線になっている。その上に、義太夫節の生れた徳川氏の政府の最初に近い年代は、一面に長らく続いた戦国の殺伐で豪放な影がありながら、一面には世の中が何時《いつ》も春の花の咲いているような、黄金が途上《みちばた》にもざくざく零《こぼ》れていれば、掘井戸のなかからも湧《わ》いて出るといったような、豪華な放縦《ほうじゅう》な、人心の頽廃《たいはい》しかけた影も射《さ》しそめていた。その上に人斬り刀を横たえて武士は市民の上に立ち、金はあっても町人は、おなじ大空の月さえ遠慮して見なくてはならないほど頭があがらなかった。その時勢に、新江戸の士くさい田舎もののずぶとさと反撥力をもった、新開の土地などでは見られない現象を、古い伝

統をもつ大都会、浪花《なにわ》の大阪の土地に見たのは当然の事であったろう。（略）

そうした義理人情の葛藤《かっとう》と、武家の義理立ての悲劇を語りものにしたのが義太夫である。であるから、節《ふし》であり、絃奏をもったものでありながら、義太夫は他の歌とはちがって唄《うた》うものではない、語りものである。現われる人物の個性を、苦悩を語り訴えるのである。

竹本義太夫がその浄瑠璃節《じょうるりぶし》の創造主であるゆえに義太夫と唱え世に広まった。またその当時人形操りには辰松八郎兵衛《たつまつはちろべえ》、吉田三郎兵衛などが盛名を博し、不世出の大文豪、我国の沙翁《さおう》と呼ばれる近松門左衛門《ちかまつもんざえもん》が、作者として名作を惜気《おしげ》もなく与え、義太夫に語らせ、人形操りの舞台にかけさせた。そして近松翁が取りあつかった取材は、その多くを当時の市井の出来ごとから受入れている。そうして義太夫節は大阪に生れ、大阪に成長し、語る人も阪地《はんち》の生れを本場とし、修業もその土地を本磨きとするのである。

少し補足すると、竹本義太夫（慶安四〈一六五一〉―正徳四〈一七一四〉）は、貞享元年（一六八四）に大阪道頓堀の西側に操り芝居の竹本座を興して近松門左衛門の旧作『世継曾我』を語って大評判となった。義太夫は生まれ付き声量が豊かで音域が広く、明瞭な発声で文意を的確に伝える明解な語り口であり、在来の諸流派の要素を取り入れた新鮮な義太夫節を作り出した。だから義太夫節は浄瑠璃の一つの流派なのだが、浄瑠璃を義太夫と言うまでに広まった。

太宰治『津軽』（序編）に、

弘前高等学校の文科に三年ゐたのであるが、その頃、私は大いに義太夫に凝ってゐた。甚だ異様なものであった。学校からの帰りには、義太夫の女師匠の家へ立ち寄って、さいしょは朝顔日記であったらうか、何が何やら、いまはことごとく忘れてしまったけれども、野崎村、壺坂、それから紙治など一とほり当時は覚え込んでゐたのである。どうしてそんな、がらにも無い奇怪な事をはじめたのか。私はその責任の全部を、この弘前市に負はせようとは思はないが、しかし、その責任の一斑は弘前市に引受けていただきたいと思ってゐる。義太夫が、不思議にさかんなまちなのである。ときどき素人の義太夫発表会が、まちの劇場でひらかれる。私も、いちど聞きに行ったが、まちの旦那たちが、ちゃんと裃《かみしも》を着て、真面目に義太夫を唸ってゐる。いづれもあまり、上手ではなかったが、少しも気障《きざ》なところが無く、頗る良心的な語り方で、大真面目に唸ってゐる。

とある。作者が旧制の弘前高等学校に入ったのは昭和二年のことだ。そのころには大阪からは遠く離れた青森県弘前市でも義太夫が流行していた。

『近代美人伝』の竹本綾之助（明治八―昭和一七）は、明治時代に流行した娘義太夫の太夫だ。大阪の生まれで、明治十八年ころから東京の寄席に出て、美貌と美声で人気があり、大阪の豊《とよ》竹呂昇《たけろしょう》と並び称された。

女が義太夫を語ることは文化文政（一八〇四―三〇）ころから行われていたが、岡本綺堂『半

七捕物帳』（大阪屋花鳥・六）に、

水野閣老の天保度改革は今ここに説くまでもない。その倹約の趣意がますます徹底的になって、贅沢物の禁止、色茶屋の取り払い、劇場の移転など、それからそれへと励行されたが、その一つとして江戸の娘義太夫三十六人は風俗を紊《みだ》すものと認められ、十一月二十七日（注、天保十二年）の夜に自宅または寄席の楽屋から召し捕られて、いずれも伝馬町の牢屋へ送られた。（略）

娘義太夫はその名のごとくに若い女が多かったが、大抵は十五六歳から二十二三歳に至る色盛りで、風俗をみだすと認められたのも、それが為であった。かれらは女牢でその年を送って、明くる天保十三年の三月、今後は正業に就くことを誓って釈放された。

とあるように、天保の改革で女芸人が禁止されて廃れた。

明治十年の寄席取締規則で女の芸人が認められ、寄席芸の一つとして女義太夫、娘義太夫が盛んになり、明治後期には最盛期を迎えた。

長谷川時雨『近代美人伝』の「豊竹呂昇」に、

古い流行のひとつとして、以前女義太夫――ことに綾之助の若盛りにはドウスル連というものの盛んであったことをきいた。しかもその多くは年少気鋭の学生連であったそうで、いまそうした年頃の、青春の人は多く浅草の歌劇団にと行き、高級の人は音楽会を待ちかねて争ってゆくようである。

とある。ドウスル連（堂摺連）というのは、内容が佳境にさしかかると、こんなに興奮させてどうするのだという意味で、「どうする、どうする」と声を掛ける観客のことで、学生が多かった。志賀直哉が二十一歳で学習院高等科一年生だった明治三十七年の日記に、一月一日に「久本に吉花の太十と昇之助の野崎とを聞く。」とあるのを初めとして、頻繁に女義太夫を聞きに出掛けていることが見える。

でくのぼう

宮沢賢治の詩「雨ニモマケズ」の最後に、

ミンナニデクノボートヨバレ
ホメラレモセズ
クニモサレズ
サウイフモノニ
ワタシハナリタイ

とある。

デクノボウは古くはデクルボウだった。小瀬《おぜ》甫庵《ほあん》『太閤記』（一六）によると、豊臣秀吉が慶長三年（一五九八）三月十五日に醍醐《だいご》寺で花見を催した時に、「でくる坊の上手、あやつりの名人を長谷川宗仁をもって召して、色々風流を尽くすべしとのたまひつつ、各々を慰めたまふ」

ということがあった。頸から下げた紐で箱を胸の前につるし、その箱の上で人形を舞わせる芸だ。槙島昭武《まきのしまてるたけ》の享保二年（一七一七）刊の辞書『書言字考節用集』（器財）では「傀儡子」にテクグツ・デクルバウの訓を付けて「木偶人也」と注し、別に「出狂坊」とも書くとしている。

これはデコノボウとも言った。『枕草子』のパロディである斎藤徳元の寛永九年（一六三二）刊の『尤双紙《もっとものそうし》』（下）に、「舞ふ物の品々　……手傀儡《てくぐつ》、でこのぼ、猿廻し……」とある。俳人の安原貞室が言葉の訛りを論じた慶安三年（一六五〇）刊の『かた言』（二）に、「でくるぼうと言ふべきを、てこのぼうと言ふはいかが」とあるから、貞室はデクルボウが正しいと考えていた。デクノボウはデコノボウから変わったものだろう。操り人形をデコとかデクとか言うが、用例が見えるのは、元禄六年（一六九三）刊の『男重宝記《なんちょうほうき》』（五）の「傀儡子《でくるばう》を……あづまにてはでこといふ。」など、先に引いたものより後のものだ。デク（コ）ノボウが略されたのだろう。

役に立たない人を言うのは、大槻文彦『大言海』では、「（二）技芸ニ拙キモノ、又ハ機転ノ利カヌモノナドヲ、罵リ呼ブ語。昔ノ傀儡《デクルバウ》ハ、後ノ操人形ノ如ク、巧ニ、ハタラカザルヨリ云ヘルカ。」とする。操り人形のように人から操られる人とも考えられる。柳田國男は、「人形には足は勿論無く、手も使ふ者の手を用立てたので、其故に手足の働かぬ者を罵って今もデクノボウと呼ぶのである。」（「人形舞はし雑考」『大白神考』所収）とする。

最後にデクルボウの語源について。大田南畝《おおたなんぽ》『一話一言』(三)は「デクルボは手くぐつの訛りなるべし」とし、小山田与清《おやまだともきよ》『松屋筆記《まつのやひっき》』(九二)は「デクノ坊ト云フモ手クグツ坊ニヤ」とするが、少し無理ではないか。『松屋筆記』(九三)では「出狂房《デクルバウ》の転語」とし、『大言海』も、「出で狂ふヨリノ名トス。ばうハ、坊ニテ、嘲リ、又ハ、親ミテ云フ接尾語」とする。これは「出狂坊」という当て字に引かれたのだろう。箱から出るので、「出来《でく》る坊」とも考えられる。

べらぼう

寛文十二年(一六七二)の春に大阪道頓堀にベラボウという見世物が出た。頭が鋭く尖《とが》り、眼はまん丸で赤く、頤《おとがい》(あご)は猿のようだった。後に京都・江戸でも芝居を建てて見せた。これから賢くない者を罵《ののし》りはずかしめる言葉となった(本朝世事談綺・五・雑事門)。井原西鶴も『日本永代蔵』(四・三)に、「又ある年は形のをかしげなるを便乱坊《べらぼう》と名付け、毎日銭の山をなして」と記している。

『本朝世事談綺』にもあるように、この見世物がもとになって、馬鹿、間抜けの意味にも用いるようになった。天保十二年(一八四二)に出た『新撰大阪詞大全』には、「べらぼうとはあほうのこと」とある。夏目漱石『坊っちゃん』(四)に、「篦棒《べらぼう》め、イナゴもバッタも同じもんだ。」とあるように、相手をののしって言うこともある。余談だが、江戸弁ではベラボウメがなまってベランメエとなる。

延宝末年(一六八一頃)刊の『卜養《ぼくよう》狂歌集』に、

ある人の方へ行きたまひけるに、亭主坊主に続飯《そくいひ》（飯をつぶして練った糊）を押させければ、和尚、悪《あ》しきとて穀潰《ごくつぶ》し（食うことだけは一人前で役に立たない人）などと叱《しか》りはべれば詠みける

この竹を削りて穀を押しつぶすこれぞまことのそくひべらぼう（一六七）

という狂歌がある。人を言う穀潰しに飯を押しつぶす篦《へら》という気持ちもこめている。『坊っちゃん』での用字はこの考えによって伝統的に用いていたものだろう。

語源について多くの本が見世物からとしている。大槻文彦『言海』は、三説を示す。①薄弱萎軟、竪立セヌヲ、へらへらトモベラベラトモイフ、其意カ、②（見世物のことを記す）③或ハ、篦棒ノ意、穀潰《ゴクツブシ》ノ意ナリト云フハイカガ。

喜多村信節《のぶよ》『嬉遊笑覧《きゆうしょうらん》』（一一・乞丐）では、以前からベラボウという語があり、見世物はそれで名付けたのだと言う。存外これが当たっているのかもしれない。

のろま

ノロマと言うとノロノロして間抜けであるような気がする。

ノロマは漢字では「野呂松」と書く。菊岡沾涼《きくおかせんりょう》の享保十九年（一七三四）刊『本朝世事談綺』（三）に、江戸の和泉太夫の芝居に、野呂松勘兵衛《のろまつかんべえ》が、頭が平らで色の青黒い卑しげな人形を使い、「のろま人形」と言った、「それより鈍きを卑しめてのろまと言ひ、癡漢《あはう》に比したり」とある。『竹豊故事』（下）には寛文・延宝（一六六一―八一）ころのこととある。

江戸初期の芸能では、能の間に狂言が演ぜられるように、歌謡・軽業・からくりなどが間《あい》の狂言としてはさまれ、歌舞伎では道化の芸が好まれ、浄瑠璃でもそれをまねた人形が滑稽な寸劇を演じた。その中でいちばん有名なのが野呂松人形だった。近年まで新潟県佐渡に残っていたが、今は行っていないそうだ。

脚光《きゃっこう》

徳田秋声が昭和十年に書き始めた『仮装人物』（一二）に、

> さうしてゐるうちに、註文の式服が、葉子の希望どほり二三箇所刺繍を附け加へて出来あがって来た。庸三は愈々脚光を浴びることになりさうに思へて、圧《お》し潰《つぶ》されたやうな心に、強ひて鞭を当てた。

とある。社会から注目されることを「脚光を浴びる」と言う。

「脚光」は英語 footlights の訳語だ。日本古来の演劇には、舞台の前面の床から俳優を照らすことは無かったから、明治以後のものだ。

谷崎潤一郎『蓼喰ふ虫』（一一）に、淡路島の浄瑠璃を、

> それに舞台の照明と云ふのが、脚光もなければ特別の装置があるのでもなく、同じ裸電灯が天井から垂れてゐるばかりなので、

と描いている。この作品の書かれた昭和三年には、舞台には脚光があるのが普通になっていたようだ。

すててこ

最後に寄席からの語を一つ。

男子用の膝の下までのズボン下がステテコだ。近ごろは女子用もあるようだ。

ステテコという語は、もともとは宴席などでの滑稽《こっけい》な踊りに合わせるはやし言葉だった。式亭三馬の『浮世床』（二・下）に、

婀娜《あだ》な潮来《いたこ》で迷はせる（トふるひ声にてうたひ）アすててこすててこ、すててこてんてこ、てんとんとん。アうはうはッ。

とある。その踊りがすててこ踊りだ。明治三年の仮名垣魯文の『西洋道中膝栗毛』（初・上）に、開化期の横浜で「僅《わづか》の利益を得《う》る折は。富貴楼に歌妓《げいしゃ》を集《つど》へ。岩亀楼《がんきろう》に娼妓《ぢょうろ》を求めて。角力甚《すまひじん》九《く》のすてゝこ踊り。売徳節《ばいとくぶし》から調子がはずれ」とある。広く行われていたことが分かる。わたくしもどこかで、「丼鉢《どんぶりばち》や浮いた浮いた、ステテコシャンシャン」という唄を聞いた記憶がある。

明治十三年ごろ、落語家の三遊亭円遊が高座ですててこ踊りを演じた。「元来、浅草広小路界隈の物貰いが、恵比寿の扮装《なり》をして他愛ない振りで踊っていたものを幇間《ほうかん》の民中《みんちゅう》が真似し、さらには初代の円馬（野末兼吉）が高座で踊っていたのを改良して模倣したものといわれ、時流にマッチして大評判となった。」（落語家事典）。落語が好きだった夏目漱石は、『吾輩は猫で

ある』（一二）で、「心臓が肋骨の上でステヽコを踊り出す。」とふざけている。
山本笑月の『明治世相百話』（珍妙な当り芸列伝）に、
つづいて円遊のステテコ、「へうたんばかりが浮き物か。わたしもこの頃浮いて来た、サッサ浮いた浮いた、ステテコステテコ」尻ッぱしょりの半股引、変妙な手つきで向脛をたたいたその半股引が今はステテコで通ってゐる、ともかく一時は大人気。
と、ステテコの芸の様子とズボン下になった事情とを十分に説明している。

三遊亭円遊

6 囲碁・将棋

チェスを知って、だいぶ将棋に似ていると感じた。駒の動きが、king（王）は王将と、bishop（僧正）は角行と、rook（城）は飛車と、pawn（歩兵）は歩兵《ふ》と同じで、queen（女王）は飛車と角行と合わさったものだ。特に変わった動きをするのが、馬の首の形のknight（騎士）で、こんな動きをするのは、起源は同じで、長い間にそれぞれ少しずつ変わって今の形になったのだろうと思った。

インドで始まったことを知ったのは、幸田露伴の『将棋雑考』という随筆を読んでのことだ。将棋は小学一年の時に友人から教えられた。その後少しは強くなったが、それから進歩は止まったままだ。

囲碁は兄が友人と打っているのを見て覚えたが、用語が分かるくらいで、駄洒落でゴではなくニかサンくらいだと言っている程度だ。

囲碁《いご》

『隋書』の「東夷伝」の倭国の箇所（いわゆる「隋書倭国伝」）に、「棊博《きはく》・握槊《あくさく》・樗蒲《ちょぼ》の戯を好む（好棊博握槊樗蒲之戯）」とあり、「棊博」は囲碁のことと言う。日本では飛鳥時代以前から囲碁を好んでいたことになる。

『懐風藻』には、大宝年間（七〇一―七〇四）に中国に留学した僧の弁正が「囲基に善《よ》きことを以て屡《しばしば》賞遇せらる（以善囲棊屡見賞遇。囲碁が上手なのでしばしば好遇された）」ということがある。

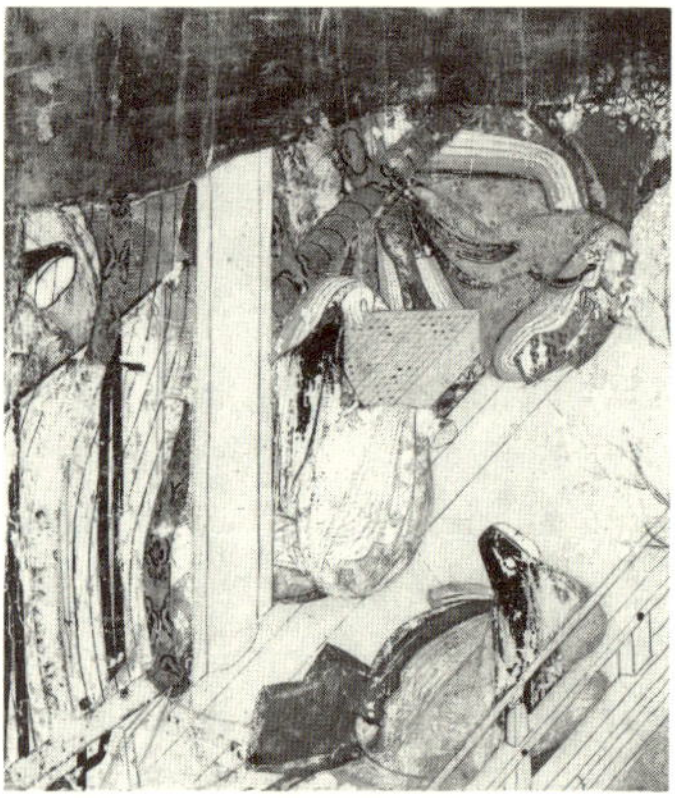
囲碁（源氏物語絵巻・竹河、『日本の絵巻』1、中央公論社より）

『続日本紀』天平十年（七三八）七月十日の条に、大伴子虫《おおとものこむし》と中臣宮処東人《なかとみのみやこあずまひと》とが「政事《まつりごと》の隙《ひま》に碁を囲《かく》む」とある。

　正倉院御物に「木画紫檀棊局」という碁盤がある。盤面には象牙で界線を施し、周縁に菱繋文《ひしつなぎもん》の木画（寄木細工）が付けてある。界線は十九で、今と同じだ。『源氏物語絵巻』では、「竹河」には女性たちが、「宿木（一）」には主上と主人公の薫《かおる》とが、碁を打っている場面が描いてある。

　囲碁の団体の日本棋院は「棋」という字を用いている。藤堂明保『漢字語源辞典』では、「棊」を「四角い木盤とみた方がよかろう。」と言う。加藤常賢『漢字の起原』は「「碁」はこの「小子」が石材で作られて後できた字である。本来は木で作られていたから、「棊」が本字である。」とする。ある棋士が加藤説を語っていたのを聞いたことがある。

将棋《しょうぎ》

　将棋の始まりはインドで紀元前三世紀ころに生まれたチャツランガとされている。チャツラは四、アンガが組、要素の意味で、もとは四人で行うものだったが、後に二人でするものとなった。西洋へはペルシア、アラビアを通って伝わり、時代を経て今のチェスになった。
中国のショウギは「象棋・象戯」と書く。これについて、谷川士清《ことすが》『倭訓栞《わくんのしおり》後編』は『古今類書纂要』（七）に、「象棋（象牙を以て棋を飾るを謂ふ也）」とあるのを引く。『日本国語大辞典』によれば、金田一京助『おりおりの記』にチャツランガに漢字を当てたものとあるとのことだ。インドのものが伝わったとされる。

唐の武徳七年（六二四）成立の欧陽詢《おうようじゅん》らの編んだ文学百科事典『芸文類聚《げいもんるいじゅう》』（巧芸部）の「象戯」の箇所には、古代の周の武帝が象戯を造ったとある。このあたりが中国の象戯の文献初出のようだ。

現在の中国象棋の駒は円形で、敵と味方では駒の文字が違い、例えば日本の「王将」に当たるものが赤字のものは「帥」、青字（または黒字）のものは「将」で、駒は縦横の線の交点に置くなど、日本のものとはかなり異なる。『鳥獣人物戯画』（丙巻）に中国の象棋のようなものに興じている人々が描いてある。象棋も日本に伝わっていたようだ。

日本の文献に将棋が見えるのは囲碁に比べると遅くて、平安時代も後半になってからだ。藤原明衡《あきひら》（九八九？―一〇六六）の『新猿楽記』に、管弦や和歌の上手な男の得意なことを並べた中に、「囲碁・双六・将基・弾基」とあるのが今のところショウギの文献初出とされている。

院政時代の橘忠兼の辞書『色葉字類抄《いろはじるいしょう》』に「象戯《シャウキ》」とあるのは、鎌倉時代の増補本

興福寺旧境内から出土の駒
（清水康二「奈良・興福寺旧境内」『木簡研究』16号）

『伊呂波字類抄』に「象戯《シャウキ》」とあるのが妥当だろう。これから考えると、日本には中国から伝わったと思われる。『人倫訓蒙図彙』（二）に、碁も将棋も吉備真備《きびのまきび》が中国からもたらしたとある。江戸時代にはそんな伝承もあった。

奈良市登大路町の旧興福寺境内の井戸状遺構から、天喜六年（一〇五八）ころの十五枚の将棋の駒が出土した。ほぼ五角形で、「玉将」三、「金将」四、「銀将」一、「桂馬」一、「歩兵」五、文字の読めないもの一、「玉将」には表裏ともに字が書いてあり、「銀将」の裏には「金く」と書いてある（窪寺紘一『日本将棋集成』による）。現在のものに近いことを思わせるが、中国の象棋とは全くと言って良いほど違っている。しかし日本の将棋には駒の名を漢字で書いてあり、中国文化の影響を否定できない。中国に五角形の王将などのある象棋があってそれが伝わったのか、それとも中国からの象棋が日本で変化したのか。

鎌倉時代の『二中歴』（一三）に見える将棊は、駒の名とその動きは今日の物と同じだが、飛車と角行とが無い。この本には「大将棊」も説明がある。

南北朝時代の『新撰遊覚往来《しんせんゆうがくおうらい》（遊学往来）』（五月六日状）には「大将棊・中将棊」という語が出ている。

江戸後期の鶴峰戊申《つるみねしげのぶ》（天明八（一七八八）―安政六（一八五九））の『象棋六種之図式』には、小象棋・中象棋・大象棋・大々象棋・摩訶《まか》大々象棋・泰象棋の六種の図を載せている。小象棋が現在の将棋で縦横九目、駒数四十枚、最大の泰象棋は縦横二十五目、駒数三百五十四枚としている。

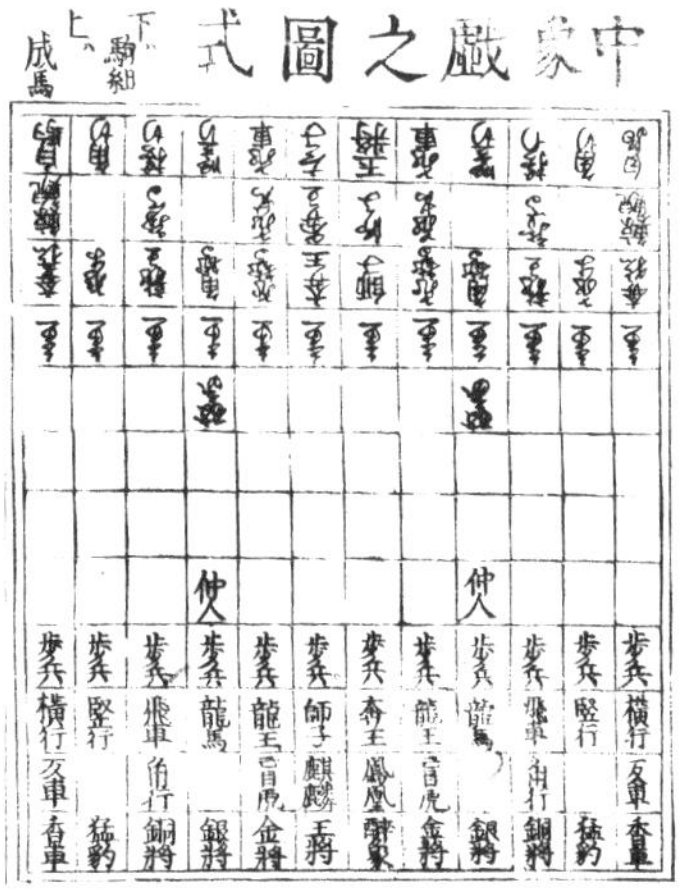

中象戯（和漢三才図会・嬉戯）

今は王将は、一方は「王将」、もう一方は「玉将」となっている。しかし『二中歴』では「玉将」としか書いてない。旧興福寺境内出土の駒でも「玉将」だ。

文安三年（一四四六）に完成した行誉の『壒《あい》嚢鈔《のうしょう》』（二）には、

将棊ノ馬ニ玉ヲ王ト云フハ何ノ故ゾ。両王イマサン事ヲ忌ミテ必ズ一方ヲ玉ト書ク、是レ手跡ノ家ノ口伝ト云云。

とある。王が二人は良くないというのだ。

朝川善庵《あさかわぜんあん》の天保三年（一八三二）刊『善庵随筆』（二）には、

王将といふ馬子《コマ》は、何とも疑はしき名なり。王なれば王、将ならば将といふべし。王と将と混称するの理あるまじ（略）因りて思ふに、玉を以て大将とし、金銀を副将とするなるべし。（略）双方の同じく紛らはしきを嫌ひ、一方は一点を省きて差別せしにやあらん。

と述べる。日本将棋連盟ではどういう御見解なのかは知らないが、後者のほうが面白いように思う。

局面《きょくめん》

夏目漱石『吾輩は猫である』（六）に、

主人は少々談話の局面を展開して見たくなったと見えて、「どうです、東風さん、近頃は傑作もありませんか、」と聞くと

とある。物事の成り行き、情勢を「局面」と言う。

碁盤・将棋盤を「局」と言う。またその盤を用いる勝負も言う。盤面での勝負の形勢が「局面」だ。『吾輩は猫である』（一一）に、猫が囲碁を打つのを見て、「碁を発明したものは人間で、人間の嗜好が局面にあらはれるものとすれば、窮屈なる碁石の運命はせゝこましい人間の性質を代表して居ると云っても差支ない。」という感想を述べる。これが本来の意味だ。

物事が終わることを「終局」と言うのも、大槻文彦『言海』に、

しうーきよく（名）終局［局ハ碁盤ナリ］（一）碁ヲ打チ終フルコト。（二）事ノヲハリ。

トヂメ。

とあるとおり、囲碁・将棋の終わること、終わりの盤面がもともとの意味だ。

右の『言海』にも転じた意味が出ているが、明治十九年に出たJ・C・ヘボン（Hepburn）の『和英語林集成』第三版では、dampan — suru（ダンパン　シュウキョク　スル）という例を上げている。

森鷗外『雁』（二二）に、

女中の梅も親の家に帰って泊る。これからあすの朝までは、誰《たれ》にも掣肘《せいちう》せられることの無い身の上だと感ずるのが、お玉のためには先づ愉快で溜《た》まらない。そしてかうとんとん拍子に事が運んで行くのが、終局の目的に達せられる前兆でなくてはならぬやうに思はれる。

とあるのは転じた用法だ。島崎藤村『藁草履』（二）では、「君も競馬を終局《しまひ》まで見物しましたかい。」と「終局」をシマヒと読ませている。

序盤《じょばん》・中盤《ちゅうばん》・終盤《しゅうばん》

「今年はペナントレースの序盤でつまづいた」とか、「選挙戦は終盤に入った」などという「序盤・中盤・終盤」は、「盤」とあることから分かるように、盤面の争いである囲碁・将棋での言葉から意味を広げて用いるようになったものだ。

織田作之助『可能性の文学』に、

平手将棋では第一手に、角道をあけるか、飛車の頭の歩を突くかの二つの手しかない。これが定跡だ。誰がさしてもかうだ。名人がさしてもヘボがさしても、この二手しかない。端の歩を突くのは手のない時か、序盤の駒組が一応完成しかけた時か、相手の手をうかがふ時である。そしてそれも余程慎重に突かぬと、相手に手抜きをされる惧れがある。

とあるのは将棋の例、坂口安吾『安吾捕物帳』（石の下）の

「私もそれを残念に思いますが、終盤ちかくチラと見ただけの盤面、しかと覚えておりませぬ」

は囲碁の例だ。

結局《けっきょく》

永禄年間（一五五八―七〇）ころの成立かという惟高妙安《いこうみょうあん》の『詩学大成抄』（五・時令門）に、

結局ト云フハ、碁ヲ打チハテテ、ゴバンヲトリヲサメタ心ゾ。局ト云フハ、物ヲトリヲサメテ、ソノ席、ソノ座ノワニハ、シバキ・サジキナドヲトリヲサメタ心ゾ。トリオイタヲ結局ト云フゾ。

とある。「結局」も囲碁を一番打ち終えることだった。『詩学大成』というのは中国の漢詩についての本で、「…抄」というのは日本人によるその注釈のことだ。『詩学大成』の原文を見ていないが、惟高妙安の口調からは「結局」は原本にある語のように思われる。そうだとすれば、

「結局」は中国で出来た語ということになる。

滝沢馬琴『椿説弓張月《ちんせつゆみはりづき》』（拾遺・上帙目録）には、

一部の結局《けつきょく》、作者の苦心、ここに説きも竭《つく》すべからず。

とある。江戸後期には、終わり、結末の意味になっていた。『大漢和辞典』には、「とどのつまり。つひに。」として、『福恵全書』の「終以㆓攔詞㆒為㆓結局之地㆒（終《つひ》に攔詞を以て結局の地と為《な》す）」という例が上げてある。囲碁ではなくなっている。現代中国語では「結局jie she」は「1結果。結末。2終局。とどのつまり。」（小学館『中日辞典』）で、囲碁の意味は無いようだ。

明治七年に出た福沢諭吉『学問ノス、メ』（六編）に、

事急ナルトキハ鉄砲ヲ以テ打殺スコトモアル可《べ》シト雖《いへ》ドモ、結局主人タル者ハ我生命ヲ護リ我家財ヲ守ルタメニ一時ノ取計ヲ為シタルノミニテ、決シテ賊ノ無礼ヲ咎《とが》メ其罪ヲ罰スルノ趣意ニ非ズ（濁点、読点を補った）

とある。わたくしの知る範囲では、「結局」を「最後には、結果として」の意味の副詞に用いた例として最古のものだ。これは、物事の終わりの意味の名詞を副詞に転用したものだ。「最後のところは」の意味の「結局は」の「は」が落ちて副詞になったのだろう。

三遊亭円朝『業平文治《なりひらぶんぢ》漂流奇談』（四）には、

私は蔭でチラリと聞いたのだが、お前は友之助《とものすけ》さんとは深い中で、それがため義理の悪い

借金も出来てゐるから、結局《つまり》二人で駈落《かけおち》などいふ軽卒《かるはづみ》な事でもしやしないか、困ったものだと云ふ事が私の耳に入ってゐるが、

と、「結局」に「つまり」と振り仮名がある。樋口一葉『大つごもり』（下）や国木田独歩の『二少女』（下）にも同じ例がある。一八八六年に出たJ・C・ヘボン（Hepburn）の『和英語林集成』第三版にも、

KEKKYOKU ケッキョク　結局（*tumari*）**In the end**

とある。「結局」と「つまり」とは少し違うと思うが、通う所もある。ヘボンは副詞と解していたことが分かる。

なお「結局」が一般的になる前には、「最後」の意味の名詞にも、「最後に」の意味の副詞にも、鎌倉時代ころから「結句」が用いられていた。これについては「文芸」の章に記した。

定石《じょうせき》

夏目漱石『吾輩は猫である』（一一）の碁を打つ場面に、

「黒から打つのが法則だよ」

「成程、然らば謙遜して定石にこゝいらから行かう」

「定石にそんなのはないよ」

「なくても構はない。新奇発明の定石だ」

という会話がある。「定石」というのは、囲碁である場面での最善の型とされる決まった打ち

方のことだ。天文十七年（一五四八）成立の辞書『運歩色葉集《うんぽいろはしゅう》』に「定石　碁」とあるのが今のところ最古の例だ。

転じて、物事の決まったやりかたを言う。元文元年（一七四〇）初演の浄瑠璃『ひらがな盛衰記』（四）に、「傾城買には紙子《かみこ》が定石」とあるのは、柿渋を塗った紙で作った着物の紙子を着て遊郭へゆくことを言ったものだ。

将棋のほうでも同じような決まった手順をやはりジョウセキと言う。「序盤」のところに引いた織田作之助『可能性の文学』にあったが、こちらは石ではないから、「定跡」と書く。

駄目《だめ》

夏目漱石『坊っちゃん』（二）に、「おやぢは何もせぬ男で、人の顔さへ見れば貴様は駄目だ〳〵と口癖の様に云って居た。何が駄目なんだか今に分らない。妙なおやぢが有ったもんだ。」とある。無駄なこと、しても益の無いこと、役に立たないことが駄目だ。

貞享三年（一六八六）刊の『野良児桜《やろうちござくら》』（上）という役者評判記に、玉川泉之丞《たまがわせんのじょう》が木挽町《こびきちょう》の小屋へ移ったことについて、「定めてだめの無き御思案、損得を考へてのことか」と述べているのが、この意味での古い例だ。

本来は囲碁の用語だ。どちらの地所にもならない目を言う。夏目漱石『吾輩は猫である』（一一）に、

「うむ、そりゃ夫《それ》でいゝが、こゝへ駄目を一つ入れなくちゃいけない」

「よろしい。駄目、駄目、駄目と。夫で片付いた。……」

という会話がある。どちらの地所にもならず、最後に交互に石を埋める所だ。用例は鎌倉時代から見られる。

平安時代には『源氏物語』（空蝉）に「碁打ちはてて。けちさすわたり、心とげに（機敏げに）見えて」とあるように、ケチ（「結」「闕」などの字を当てる）と言い、それを埋めることをサスと言った。

『太閤記』（一四）に、「囲碁に案じ入りて、（略）だめをもさしすまし勝負して」とあるのは、勝負の最後に対局者が互いに駄目を埋めることだ。サスとあるのは、ケチに用いた語を引きずっているのだろう。樋口一葉『にごりえ』（二）に、「丹那よろしいでございますかと駄目を押して」とある。くどく念を押す意味にも「駄目を押す」と言うのは、意味を広げて用いたのだ。

駄目の語源について、いくつかの説がある。ダ（駄）は音、メ（目）は訓で、駄目《だめ》は重箱読みなので、そうでない語源を考えたいのだろう。

箕田憙貞《みたきてい》の享保十二年（一七二七）成立の俗語語源辞書『志不可起《しぶかき》』には、「徒目ト書クト云ヘリ。むだめヲ略シタルナラン」とする。『倭訓栞《わくんのしおり》』『俚言集覧《りげんしゅうらん》』もこの説で、大槻文彦『言海』も「むだめノ略カト云」とし、山田美妙『日本大辞書』も「むだめノ義」とする。

中山信名《のぶな》（一七八九―一八三六）の『新編常陸国誌』（一一六・方言）には、「アダメナリ。アダハ徒ナリ」とある。山田孝雄《よしお》の昭和十五年刊『国語の中に於ける漢語の研究』（八）も、「又「だめ」といふ碁の術語は古は「闕《ケチ》」といへり。これは「徒目」と書ける古書もあれば、恐らくは「アダ目」の上略より起りし語ならむ。」とする。

小山田与清《ともきよ》『松屋筆記《まつのやひっき》』（九三）では、「碁のだめといふも空目《ムナメ》の通音也」とする。柳田国男「鳴滸の文学」（『不幸なる芸術』所収）にも「又我々がダメダといふ風に、囲碁の空目《むなめ》から出た語を採用して居るのに対して」としている。

文永五年（一二六八）成立の経尊《きょうぞん》の語源辞書『名語記《みょうごき》』には、「囲碁ウツニダメ如何《いかが》」として、デハ（出場）がダになり、メは目、「イ（出）ヅベキ所ノ名也」、「タヾメノ義モアルベシ。直目也」とある。よく分からない妙な説だが、これがダメという語の初出の例なので引用した。

これらの中ではアダメ説がすっきりしているように思う。ただ、アダメという語は、よその人の目の意味の例しか見つからないことと、山田孝雄の言う「徒目」と書いたものは『志不可起』の例くらいしか見られないのとで、いちおう不明ということにしておきたい。

思い付きを記せば、重箱読みではあるが、駄（役に立たない）目ということではないか。「駄」（『大漢和辞典』によれば、正字は「駄」だそうだ）を、駄菓子・駄作・駄弁など、値打ちのない、詰まらない、粗悪な、の意味に用いることがある（これは中国には無くて日本だけでのことのようだ）。

「駄酒《だざけ》」という重箱読みの語が近松門左衛門の『雪女五枚羽子板』(中)に見える。それでダメもそういう構成と考えたい。

岡目八目《おかめはちもく》

勝海舟の談話を記録した『氷川清話』に、明治三十一年八月に成立した大隈重信を首班とする内閣について、

大隈でも板垣でも、民間に居た頃には、人のやって居るのを冷評して、自分が出たらうまくやってのけるなどと思って居たであらうが、さあ引き渡されて見ると、存外さうは問屋が卸さないよ、いはゆる岡目八目で、他人の打つ手には批評が出来るが、さあ自分で打って見ると、なか〱傍《はた》で見て居たやうには行けないものさ。

と批評している。海舟が説明しているとおり、当事者よりも部外者のほうが状況がよく分かることを「岡目八目」と言う。近松門左衛門の浄瑠璃『碁盤太平記』に、「一門も縁者も岡目八目、そばからは言ひよいもの」とあるように江戸前期から見える。

岡目八目恋病みと仲人言ひ　仙羽(玉柳)

という古川柳は、家族・縁者より第三者が娘の恋わずらいを見抜いて仲人に立つことを言ったものだ。

「目」という語を用いていて、海舟が「打つ手」という語を用いていることから分かるように、本来は囲碁の用語だ。対局者よりも傍観者の方が形勢がよく見えて、八目くらいは有利な

手を考え付くということだ。八目くらい先まで見通せると説明したものもあるが、それなら「八手」と言うべきで「八目」ではなかろう。

「岡」というのは、「岡釣り」の岡で、舟に乗ったり川に入ったりしない海岸・川岸などのことだろう。深く立ち入らない場所だ。そこから、関係無い人に恋するのを「岡惚れ」、他人の恋を嫉妬するのを「岡焼き」ということになる。「岡目」も立ち入らないで傍で見ていることだ。坪内逍遥『当世書生気質』（二）では、「推測した作者が傍観《おかめ》の独断なり。」と表記している。

柳田国男『なぞとことわざ』では、「岡目とは遠くから見てゐること。八目を「はちもく」といって、後には碁の勝負のことだと思ふ人が多くなった。」と説明している。柳田は本来はヤメと読んだとでもいうのだろうか。

一目《いちもく》置《お》く

水上勉『越前竹人形』に、「みにくい小男に似あわず、名人肌の喜助に忠平は一目置いていた。」とある。相手が自分より優れているのを認めて敬意を表して一歩譲ることを言う。江戸後期から見える。

囲碁の対局者の間に力量の差がある場合には、ハンディキャップとして黒石を持った弱い方が前もって石を盤面に置いて、それから始める。一目置くのは相手の棋力が自分より上であることを認めていることになる。

ということだが、ヘンではないかと思うことがある。石を置かせて始める時には、力のある者が先に打つ。だから一目だけ置いたのでは普通の対局と変わらないことになる。二目以上置かないとハンディキャップにならないはずだ。それなのになぜ「一目置く」なのだろうか、と、揚げ足取りを言ってみた。

布石《ふせき》

「来年の選挙のために、しかるべき布石を打っておく」などと言う。将来に備えて用意しておくことを布石と言うのは、囲碁の序盤で、互いに広い地域を占められるように碁石を置くことが元になっている。

辞典では昭和九―十一年に出た『大辞典』に、「囲碁用語。序盤に於て黒・白双方が、各々地域を領有せんとして打つ石。」とあるのが初出のようだ。囲碁では欠かせないことのはずだが、それを表す語は無かったのだろうか。

第二義の将来のための用意の意味は、昭和三十年の『広辞苑』（第一版）に出ている。

捨《す》て石《いし》

高見順の小説『故旧忘れ得べき』（一〇）に、「残した足跡は小さかったにしても、彼も地固めのための捨石になったとは言ひ得るだらう。」とある。さしあたりは役に立たないが、将来のためにしておくことが「捨て石」だ。江島其磧《えじまきせき》の宝永七年（一七一〇）に出た赤穂義士を題材にした小説『けいせい伝受紙子』（一）に「大身《たいしん》も事に臨んで命を捨石」とあるなど、用例は江戸中期から見える。

これは囲碁で、作戦のために相手に取らせる石のことから、意味をずらして用いたものだ。島崎藤村の『家』（下・八）に、「碁で言へば、まあ捨石だ。俺が身内を助けるのは、捨石を打ってるんだ」とあるのは、囲碁での意味から派生することを述べている。

『徒然草』（一八八段）に、三つの石を捨てて十の石につくのは易しいが十の石を捨てて十一の石につくのは難しい、一つでも勝るほうにつくべきなのだが、十までになっているものは惜しくてあまり得でない石には変えにくいものだ、とある。「捨て石」とは書いてないが、りっぱな捨て石だろう。

将棋でも、自分のほうを有利にするためにわざとただで相手に取らせる自分の駒を「捨て駒」と言う。「捨て駒に好手あり」という格言があるそうだ（日本将棋用語事典　二〇〇四年）。

なお「捨て石」には他にいろいろな意味がある。石川啄木の「ふるさとの／かの路傍《みちばた》のすて石よ／今年も草に埋《うづ》もれしらむ」（一握の砂・煙・二）は、その辺にころがっている石のことだ。庭のほどよい所に置く石も「捨て石」と言う。

手順《てじゅん》

囲碁でも将棋でも石や駒を打つことを「手」と言うので、囲碁将棋には「手〇」という語が多い。それから出たのではないかと感じられる語がある。ただし、方法・技術の意味にも「手」と言うから、囲碁将棋のほうでそれを用いたのかとも考えられる。決めかねるのだが、そんな「手〇」という語をいくつか並べる。

夏目漱石『明暗』（一五五）に、

小林と会見の場所は、東京で一番賑やかな大通りの中程を、一寸横《ちよつと》へ切れた所にあった。向ふから宅へ誘ひに寄って貰ふ不快を避けるため、又此方で彼の下宿を訪ねてやる面倒を省くため、津田は時間を極めて其所で彼に落ち合ふ手順にしたのである。

とある。慶応三年（一八六七）刊のＪ・Ｃ・ヘボン（Hepburn）の和英辞書『和英語林集成』の TE - JUN（手順）の項に、**Shigoto no — ga warui**（シゴト　ノ　テジュン　ガ　ワルイ）という例文が上げてある。物事を行う段取りが「手順」だ。

囲碁・将棋でも手順と言う。囲碁なら打つ手、将棋なら指す手の順番のことだ。同じことを考えても、手順が少しでも違うとまったく別の局面になることが多い。

囲碁将棋の語から出たのか、それとも仕事などの手を着ける順序を言ったものか。

手《て》抜《ぬ》き

織田作之助の小説『聴雨』は昭和十二年二月に京都の南禅寺で行われた坂田三吉と木村義雄との将棋の対局を扱ったものだ。その中に、

素人考へでいへば、局面にもあるだらうが、まづ端の歩を突く時は相手に手抜きをされる惧れがある。いはば手損になり易いのだ。してみれば、後手の坂田は中盤なら知らず、まづはじめに九四歩と端を突いたことによって、そして案の定相手の木村に手抜きをされたことによって二手損をしてゐるわけである。

とある。囲碁将棋での「手抜き」は、相手の着手に対してそれを受けないで別の箇所に回ることだ。それによって相手は意図を外されて迷うことになる。

普通に「手抜き」と言えば、幸田露伴『五重塔』(三三)に、「紙を材《き》にして仕事もせず魔術《てづま》も手抜もして居ぬ十兵衛」とあるように、しなければならない手数や手続きをわざと省くことだ。こちらは江戸前期から例がある。囲碁将棋ではそれを流用したのだろう。

手詰《てづ》まり

徳田秋声『黴《かび》』(一九)に、

笹村は、少し手に入った金で、手詰まりのをりにお銀が余所から借りて来てくれた金を返さしたり、質物を幾口か整理して貰ったりして、残った金で蒲団皮を買ひに、お銀と一緒に家を出た。

とある。方法・手段が無くなって行き詰まることが「手詰まり」だが、このように金銭が無くなって困ることを言うことがある。

囲碁将棋では、有効な指し手がなくて困った状態を言う。

手筋《てすじ》

囲碁将棋では、「その形における部分的なセオリー。」(日本将棋用語事典)のことだ。坂口安吾『安吾捕物帳』(石の下)に

甚八が見落していた手筋というのは、敵の石をとって二眼できたとき、とった石をまたとり返される筋があるのを見落していたのである。

とある。これは囲碁のものだ。

太宰治の『彼は昔の彼ならず』に、「さう言ひながら左手をたかく月光にかざし、自分のてのひらのその太陽線とかいふ手筋をほれぼれと眺めたのである。」とあるのは、掌の筋だ。これを初めとして「手筋」にはさまざまな意味がある。

高飛車《たかびしゃ》

幸田露伴『五重塔』（一一）に、

一体ならば此方《こち》の仕事を先潜《さきくぐ》りする太い奴と高飛車に叱りつけて、ぐうの音《ね》も出させぬやうに為《す》れば成るのっそり奴《め》を、

とある。相手に対して威圧する態度が「高飛車」だ。江戸後期から見られる。

「飛車」とあることから分かるようにこれは将棋の言葉だ。飛車は自陣の二段目にある。そこに置いたままで戦えば「下段飛車」で、三段目を越えて中央に進出し、縦横無尽に暴れさせる攻撃的な戦法が「高飛車」だ。そこから威圧する態度を言うようになった。文化十一年（一八一四）に出た式亭三馬の『古今百馬鹿』（上）の将棋の場面の挿絵に、作者の、

歩三兵《ふさんぴやう》でも手に足りぬへぼめらと声高飛車の将棋あらそひ

という狂歌が記してある。

太田全斎の寛政九年（一七九七）の自序のある諺《ことわざ》の辞書『諺苑《げんえん》』に、「高飛車デ負《マケ》ヲ引出《イダ》ス」という諺が出ている。高飛車の戦法は危険が伴うようだ。それとも人生訓としての語だろうか。

成金《なりきん》

谷崎潤一郎『幇間《ほうかん》』（明治四四）は、

明治三十七年の春から、三十八年の秋へかけて、世界中を騒がせた日露戦争が漸くポウツマス条約に終りを告げ、国力発揮の名の下に、いろいろの企業が続々と勃興して、新華族も出来れば成り金も出来るし、世間一帯が何となくお祭りのやうに景気附いて居た四十年の四月の半ば頃の事でした。

という書き出しで始まる。

日露戦争の後の明治三十九年に株で大儲けして豪遊した鈴久こと鈴木久五郎（明治六―昭和一八）が成金の最初と言われている。明治四十三年四月七日の『東京朝日新聞』に、「鈴久の箱根落ち　成金の夢醒めず」という記事がある（『新聞集成明治編年史』による。次の『万朝報』も同じ）。

成金党の総大将、日本国津々浦々までも其の名を轟かした例の鈴久、晩餐一食に百金を費やし、一夜の遊宴に千金を抛うって当然となし、新柳各地の美人を束にして提げ廻ることなど、空恐ろしき贅沢三昧、鈴久の鈴は金篇に命令の令とあって、何事も金づくの号令天下に反くもののなく

と書き始めて、「其の後那《あ》の大失敗に忽ち身上お手っ払ひとなりて昔日の姿なく」「尚も夢中の栄華の味を忘れ兼ね」、神奈川県の大磯で贅沢をしたが金に困ったというものだ。

株屋の西村虎四郎（生歿未確認）についても、明治四十年二月七日の『万朝報《よろずちょうほう》』に、

成金栄華時代
（和田邦坊筆・『漫画明治大正史』）

成金派の棟梁西村虎四郎氏方では、毎朝新会社に関係の面会人が門前に市を為して、宛《あたか》も大学病院に往ったかのやう、其面会人を番別札で案内し、起業目論見書の診察と盲判を推すのとで、目の廻る程忙殺されて居るさうだ。

とその華やかさを記すが、こちらも間も無く没落した。

大正三年に始まった第一次世界大戦でも大儲けした成金がいた。特に神戸の造船業・海運業が大儲けして、内田信也《のぶや》（明治一三―昭和四六）、山下亀三郎（慶応三―昭和一九）、山本唯三郎（明治六―昭和二）らは船成金と呼ばれた。山本は大正九年からの世界恐慌で没落した。しかし内田は昭和十三年に衆議院議員になっているし、山下は山下汽船株式会社の創立者だ。

これ以外にも、「移民成金」（小林多喜二『蟹工船』四）、「鉄成金」（徳田秋声『縮図』時の流れ・二）、「石油成金」（坂口安吾『続堕落論』）などという語もある。

永井荷風『雨瀟瀟《あめしょうしょう》』（大正一〇年）に、「ヨウさんは金持であるが成金ではない。品格もあり学問もあり趣味には殊に富んでゐる。」と記している。これを逆にすれば、品格・学問が無く、趣味に乏しいのが成金ということになる。

これはもともとは将棋の言葉だ。『日本将棋用語事典』（二〇〇四年）に、

成金［なりきん］

（1）自分の駒（玉と金以外）が敵陣の三段目までに入り、裏返しになって金と同じ役割の駒になること。……（2）（1）から派生して、元は貧乏だったのに、わずかの時日のうちに急に金持ちになること。また、その人。「成金趣味」などのように、どちらかというと軽蔑して言う場合が多い。

とあるので十分だ。金持ちになったのは将棋の駒でもいちばん弱い歩兵《ふ》だろう。

成り上がり者を「成金」と言うことは、江戸時代からあった。『柳多留』四十篇（文化四年（一八〇七）刊?）に、「国家老成金めらをにらみつけ（シクト）」という句がある。名家の出の国家老が急にのし上がった者を不愉快に思っているのだ。殿様の側室の兄弟が新たに侍に取り立てられたのかと考えるのは落語「妾馬《めかうま》」の影響か。明治以後の「成金」はそれを受け継いだものだ。

南北朝ころの成立かと言う書道の本『麒麟抄《きりんしょう》』（七）の「将碁馬書事」という箇所に、「成金ヲバ極草可書（極草に書くべし）」とある。「成金」の最古の例だろう。

将棋倒《しょうぎだお》し

将棋の駒を少しずつ間隔を置いて立て並べて、一端を軽く押すと駒が次々に倒れる遊びが「将棋倒し」だ。言わば日本風のドミノだ。ただし将棋の駒は四十枚しかないから、大がかりなものは出来ない。『太平記』（七）に、

この時、城の中より、切り岸の上に横たへて置いたる大木十ばかり、切って落とし懸けたりける間、将棋倒しをするごとく、寄せ手四五百人、圧《おし》に打たれて死にけり。

とあり、室町時代には行われていた。

寛永十九年（一六四二）に出た句集『鷹筑波集《たかつくばしゅう》』（二）に、

秋風に将棋倒しか駒つなぎ　一葉子

という句がある。江戸前期には次々と倒れることにも用いるようになっていた。

7

賭博

日本最古の賭博の記録は、『日本書紀』（二九）の天武天皇十四年（六八五）九月十八日に、天皇が大安殿に出られて王卿たちを殿の前に召して「博戯」をさせなさった、この日に十人の王卿に御衣・袴を賜った、とあるものだ。並べて書いてあるのだから、御衣などは「博戯」の賞品だったのだろう。ここでは「博戯」は天皇も認めた行事だったが、次の持統天皇は、三年（六八九）十二月八日に双六を禁断なさっている（日本書紀・三〇）。以後の賭博の記録はたいていは禁止・処罰のものだ。それでも賭博が無くなることはなかった。

博打《ばくち》

バクチを漢字では「博打」と書く。「博」が「ばくち。すごろくの類。」（大漢和辞典）で、バクウチが詰まってバクチとなったものだ。宮武外骨《みやたけがいこつ》『賭博史』に、「「バクチ」とは和漢混合の語で、ばくうち「博打」即ち「博奕打」の約である、（略）「打」とは手にせるサイを盆胡蓙の上にウッチャルの義であらう」と記す。もともとはそれをする人を言ったのだが、その業も言うようになった。どちらも平安時代から用いていた。バクウチも平安時代の例がある。バクチウチというのは同じことを二度言っていることになるが、鴨長明の仏教説話集『発心集《ほっしんしゅう》』（八）に「奕打《ばくち》ちといふ者どもの集まりて、双六打つを聞けば」とあるなど、鎌倉初期からある語だ。

漢語では「博奕（ばくえき）」と言うことが多い。「奕」は囲碁のことだ。『論語』（陽虎）に、子曰く、腹いっぱい食って一日を終え、心を用いることが無い。困ったことだ。博奕というものがあるではないか（不有博奕者乎）。これをするほうがしないよりましだ、とある。日本でもこれでバクチと読ませることがある。

バクチにはまると身の皮をはがれることになる。それで魚のカワハギ（皮剥）をバクチと言う地方がある。

胴元《どうもと》

井伏鱒二『多甚古村《たじんこむら》』（新年早々の捕物）に、

この賭博の胴元は表組で捉まった大男で、彼は縛られたまま同じく縛られてゐる仲間を見渡して「どいつが裏切った」と呶鳴り散らし「裏切ったやつは云へ。いまにどうするか覚えてをれ」と敦圉《いきま》いた。

とある。

「胴元」が辞書に載ったのは、昭和九―十一年に出た『大辞典』が最初のようだ。この辞書では「胴元」は「=胴親」となっていて、「胴親」に、「賭博語。賭博を開く親元をいふ。多くの人の賭けし金の授受・取扱ひをなす人。胴取。胴元。賽の筒を振りしより起りし名称といふ。」とある。この文中の「筒」はツツではなくてドウと読む。さいころを入れて振り出す円筒形の器のことだ。

出《で》鱈《たら》目《め》

『浮世床』二編の序に、「いつはりのなき世なりせばうそつきの戯作者頼む人はあらじな、と出たらめの歌つぶやきて入り来たるは柏屋（この本の出版者）の主《あるじ》なり」とあるように、デタラメは江戸中期から見える。

デタラメの語源は、さいころを振って、その出た目に任せることという説がある。「出たらめ」の「め」は推量の助動詞で、出たら出たで構わないということだとする説もある。いずれにせよ、賭博から出た語だ。「鱈」を書くのは当て字だ。タラは目の大きな魚だから、この字を当てるようになったのかもしれない。

出《で》たとこ勝負《しょうぶ》

夏目漱石の『明暗』（一三〇）に、

さうして二人とも丸で其所に気が付かずに、勢の運ぶが儘《まま》に前の方へ押し流された。あとの会話は理論とも実際とも片の付かない、出たとこ勝負になった。

とある。計画も立てず、その場の成り行きで決めることを「出たとこ勝負」と言う。「勝負」というのは賭博から出た言葉だからだ。

この語が辞典に載ったのは昭和九年の『大言海』が最初のようだ。

でたとこ-しょうぶ（名）出所勝負［博奕ノ語ナラム］一六勝負。トッタカミタカ。イチカバチカ。いちかばちか（投機）ノ条ヲモ見ヨ。

とある。三つの言い換えは面白いが、どうしてこう言うのかははっきりしない。

これは、さいころ賭博で、出た采の目、つまり出た所で勝負を決めるということだ。そしてその意味を広げて、成り行きで決めることを言うようにもなったのだ。

浄瑠璃『菅原伝授手習鑑《すがわらでんじゅてならいかがみ》』の四段目の寺子屋の場面に、

「待たんせや。その松王といふやつは三つ子の内の悪者、若君の顔はよう見知つてゐるぞえ。」

「サアそこが一かばちか、生き顔と死に顔は相好の変はるもの、面《おも》ざし似たる小太郎が首、よもや贋《にせ》とは思ふまじ。」

という会話がある。運を天に任せて思い切ってやってみるのがイチかバチかだ。

一《いち》か八《ばち》か

この語は辞典では大正四年の『大日本国語辞典』に出ているが、前の「出たとこ勝負」に引いた『大言海』に「いちかばちか（投機）ノ条ヲモ見ヨ」とあったから、それを引く。

いち-か-ばち-か（句）投機 [一《イチ》か罰《ばち》かナルベシ、博徒ヨリ出デタル語ナリト思ハル、壺皿ニ伏セタル骰子《サイノメ》ニ、一ガ出ルカ、失敗《シクジ》ルカノ意ヲ云フナルベシ、出《デ》たとこ勝負、出《デ》たら出たら目、ナドト、意、通《カヨ》フ、一擲賭《イッテキトス》二乾坤一ヲト云フ語アリ、

ここではバチを罰としているが、バチは八で、一は丁の、八は半の字の上を取ったもので、丁か半かということだとする説もある。

江戸時代には、

めっさうに・青田を買ふは一か六（軽口頓作1709）

という句があるように、「一か六か」という言い方もあった。さいころの一の裏は六だ。それを考えに入れて、すこし無理なのを承知で新説を出すと、一は奇数で六も八も偶数、つまり「丁か半か」ということではないか。そうだとすれば、バチは八と考えたい。ただし八をバチと言う理由は分からない。『大言海』で「罰」とするのはそのせいだろう。また、さいころには八の目は無いのもヨワいところで、八は半の上という説になるのはそんなことからだろう。

四《し》の五《ご》の

徳冨蘆花『みゝずのたはこと』（不浄・下）に、

ある爺さんのおかみは、昔若かった時一度亭主を捨てゝ情夫と逃げた。然し帰って来ると、爺さんは四の五の云はずに依然かみさんの座《ざ》に座らした。

とある。あれやこれやと面倒なことを言いたてる意味の「四の五の言う」も、「一か八か」と同じように数字を並べて言ったものだ。井原西鶴の『好色一代女』（二・二）に、「神代以来《このかた》、この（情事が）嫌ひなる女郎は悪いものぢやとはや仕掛けて来る。それを四の五の言へば、むつかしい事は御座らぬ」とある。

幸田露伴『風流仏』（五・下）には、

身の分限を知《しっ》たなら尻尾《しっぽ》をさげて、四の五のなしにお辰を渡して降参しろ。四の五のなしとは結構な仰せ、私も手短く申しませうならお辰様を売《うら》せたくなければ御相談。

と、「言う」としていない例がある。

これについて、喜多村信節《のぶよ》『嬉遊笑覧《きゆうしょうらん》』（言語）、大槻文彦『大言海』などは博徒の言葉とし、太田全斎『俚言集覧《りげんしゅうらん》』、落合直文『ことばの泉』、上田万年《かずとし》・松井簡治『大日本国語辞典』には賭博のことを記さない。

賭博からだとすれば、四（丁）だの五（半）だのと迷うことを言うのだろう。

丁稚《でっち》

商人や職人に雇われて使い走りなどをする少年をデッチと言う。江戸時代には、京阪でデッチと言い、江戸では小僧と言った（守貞謾稿・四・人事）。今は丁稚と漢字をあてるが、古くは丁児・調市などとも書き、意味を取って童奴とも書いた。

このデッチは双六《すごろく》のサイコロの用語からという説がある。箕田憙貞《みたきてい》著、享保十二年（一七二七）成立の俗語語源辞書『志不可起《しぶかき》』に、「でっち　小僕ヲ云フ。調市ト書キタルアリ。私謂《い》フ、双六ノ賽《さい》六二ツヲ重六《ギョウロク》ト云フ。一ノ二ツヲでっちト云フハ、ぢょうろくノぢょうヲ上《ジャウ》ニトリ、ソレニ対シテ下《ゲ》をでっちト云フカ」とする。後半は分かりにくい。采の目が二つとも六なのが重六《じょうろく》、六の目の裏は一で、二つとも一であるのはデッチ、重《じょう》六の重を上《じょう》とすれば一が二つのデッチは下ということになり、身分の低い使用人を言うのだ、ということらしい。漢字では「重一・畳一・調一」などと書く。デに近い音があるのは畳（デフ）だろう。『平治物語（金刀比羅本）』（上）に、「双六のさいの目に一が二つ下りたるをでっちと言ふ」と説明がある。鎌倉時代にはあった語だ。

　別の説もある。小山田与清《おやまだともきよ》の『松屋筆記《まつのやひっき》』（六）では、『鎌倉大草紙』（下）に「狂言者のでっし」とある、でっしは弟子の訛りで、今もデッチと言うのはこのデッシの移ったものだ、とする。永田直行の嘉永七年（一八五四）序の『菊池俗言考』では、「丁稚《テイチ》ノ誤ナルベシ。丁《テイ》ハヨボロト訓ミテ下賤ノ称ナリ」とする。ヨボロというのは、古代語で徴発された人夫のことだ。大槻文彦『言海』では、「丁児《テイジ》ノ音カト云、或ハ双角《アゲマキ》ヲ重一《デッチ》ト見テイヘル語カ」とする。「あげまき」は少年のこと、『志不可起』の説と同じだ。余談だが『志不可起』は昭和初期に発見された本だから『言海』では参照できなかったはずだ。後の『大言海』では「弟子ヲ、でッし卜云ヒシヨリ、転ズト云フ」と『松屋筆記』と同じになった。

丁稚の髪形（守貞謾稿・男扮）

　テイチ説は少し無理だろう。サイコロ説は音の変化が無くて良いのだが、最低をデッチと言ったかどうか分からないし、言ったとしてもそれを奉公人に言ったかどうか分からないところに問題が残る。弟子説の方が意味からは妥当なように見えるが、ちゃんとデシという語が普通にあるのに、わざわざデッシと言うことが多くあるだろうかという気がする。

付《つ》け目《め》

坪内逍遥の明治二十七年作の戯曲『桐一葉』（四・二）に、「女もどうやらまんざらで、ない心《しん》なまごころが此方《こっち》の奇貨《つけめ》」という台詞《せりふ》がある。利用できる相手の弱点、付けこむ所が「付け目」だ。

「付け目」は元々は賭博の用語だ。井原西鶴の『諸艶大鑑《しょえんおおかがみ》（好色二代男）』（五・二）に、「その向かひには、灯《ともしび》ひそかにして四五人寄り合ひ、『付け目の跡で（銭を）置かぬか』と貫銭の音は小勝負なり」とあるのは、自分に都合の良い目が出ることを言う。この例はサイコロ賭博だろうが、カルタ賭博にも言う。

それが浄瑠璃『義経千本桜』（四）に、「コレその足弱連れたが盗みする付け目ぢや」とあるのは、賭博から離れて、目当て、狙い所の意味になっている。

「狙い目」も同じように賭博用語から目当ての意味に用いるようのなったのだが、こちらはかなり新しい語のようだ。

思《おも》う壺《つぼ》

太宰治『走れメロス』に、

真の勇者、メロスよ。今、ここで、疲れ切って動けなくなるとは情無い。愛する友は、おまへを信じたばかりに、やがて殺されなければならぬ。おまへは、稀代の不信の人間、まさしく王の思ふ壺だぞ、と自分を叱ってみるのだが、全身萎えて、もはや芋虫ほどにも前進かなはぬ。

とある。予期した状態が「思う壺」だ。近松門左衛門の『津国女夫池《つのくにめおといけ》』(二)に、

たちまち御台所《みだいどころ》の御在り所顕《あらは》れしは、某《それがし》が思ふ壺に当たる所。

とあるなど、江戸中期から例が見られる。

同じ近松の『重井筒《かさねいづつ》』(中)には、「かねてより思うた壺に当たりしと」という例がある。初めのころには「思う壺」という固定した言い方になっていなかったようだ。

この「壺」について、『広辞苑』では、昭和三十年の第一版に「「壺」は賭博で采の目を入れて振る具」、昭和四十四年の第二版から平成三年の第四版まで「壺は、賭博でさいころを入れて振る具」としていた。壺(壺皿とも言う)の中のさいころが思いどおりになることと解したのだろう。ところが、平成十一年の第五版ではこれが無くなった。賭博の具の意味ではないと考え直したようだ。

「壺」には、「矢壺」(矢を射る目当て)、「灸の壺」など、見込んだ所、重要な所の意味がある。「思う壺」もこちらの「壺」なのではないか。

ぼんくら

『東海道中膝栗毛』(五・上)に、四日市(三重県四日市市)で宿引きに嘘を言われるが、「ふたりともぼんくらなれば、まことと思ひて」とある。

大槻文彦『大言海』に、「盆暗」と漢字を当て、「博奕ノ語。簺《サイ》ヲ伏セタル盆ノ中ニ、眼光ト

ホラズ、負目ニノミ賭《カ》ケル気ノ利カヌコト。又、ソノモノ。ボンヤリモノ。」と説明する。『膝栗毛』の例はすでに博奕から離れているし、「盆」というのはサイコロを振り出す場所である盆茣蓙《ぼんござ》のことだから、「盆ノ中ニ眼光トホラズ」というのはおかしい。わずかな違いだが、暉《てる》峻康隆《おかやすたか》『すらんぐ』に、「盆の上の眼識が暗い、賽《さい》の目の動きを読むことができない、という意味から出て、今はひどく一般化してしまった。」とあるのが妥当だろう。

江戸後期の太田全斎の辞書『俚言集覧《りげんしゅうらん》』に、「ぼんくら　小児をボンと云ふ。坊の訛言なり。」とある。子供っぽいということと考えたのだろうか。大槻文彦『言海』には載らず、明治二十五年刊の山田美妙の『日本大辞書』に、方言、俚語の記号を付けて、「〔凡蔵〕（一）粗末ナ土蔵。（二）トンチキ。」という訳がある。この（一）を語源と考えて「凡蔵」と漢字を当てたものか。これは明治三十一年刊の落合直文の『ことばの泉』にも受け継がれている。この説は、まず同音の「凡蔵」という字を思い付き、そこから「粗末な土蔵」という意味に至ったので、ほんとうは「凡蔵」などという語は無かったのではなかろうか。

裏目《うらめ》

「積極策が裏目に出た」などと言う。期待したこととは逆の結果になることだ。さいころを振って予想とは逆の目が「裏目」だ。一の裏は六、二の裏は五、三の裏は四、丁半がまったく逆になるのだ。

「裏目」が辞典に載ったのはかなり新しく、昭和九―十一年に出た『大辞典』に、

ウラメ　裏目　㊀采の表面にある目に対し、その裏にある目をいふ。表が一なれば裏は六、表が二は裏が五、表が三は裏が四、何れも合せて七。

とあるのが最古か。もっと古くからあったのかもしれないが、賭博用語などは上品な学者先生たちの知るところではなかったのだろう。『大辞典』には後に記す「ぴかいち」など、賭博用語がいろいろ出ている。

大工の使う曲尺《かねじゃく》の裏に刻んである目も「裏目」と言うが、こちらの意味ではなかろう。

福沢諭吉の『福翁自伝』の幕末に暗殺が横行したことを記す箇所に、

京都の御趣意は攘夷一天《(ママ)》張りであるのに、然るに幕府の攘夷論は兎角因循姑息に流れて埒が明かぬ。

とある。

一点張り《いってんば》

大槻文彦の明治二十三年に出た国語辞典『言海』に、「〔博奕ノ語ニ出ヅ〕唯、此一事ト見込ミテ、他ヲ顧ミザルコト。」とある。明治三十一年の落合直文『ことばの泉』では、「㊀博奕にて、ひと所にのみ、銭を賭すること。」と説明がある。丁半賭博のような二つに一つということでなく、選択肢がいくつもある賭博で言うもののような気がする。本来の意味も転じたほうも、江戸中期から例が見られる。

はったり

石川淳の昭和十一年の小説『普賢』（一〇）に、「な、何いやがんでえ、なめるねえ、てめえ、おれにハッタリをきかせる気か。」とある。

これについては暉峻康隆《てるおかやすたか》『すらんぐ』（新版による）の説明が要を得ている。

できもしないことを、できるような顔をし、ろくにありもしない金を、ありそうに見せかけて大きな顔をすることを「はったり」といい、「はったりをきかす」ともいう。「はったりをかける」というと、それがやや積極的になって、うまくいけばひともうけしようという目的のもとに、大きなことをいって、相手に働きかけるばあいをいう。

純粋なヤクザ言葉としては、高飛車に出て相手を恐喝することをいうが、語源は盛り場で円盤の中心に棒を水平に支え、それを回して止ったところを当りとする「伝助」などの街頭賭博の「さあ、さ、張ったり、張ったり」というあのハッタリで、丁《ちょう》か半《はん》か、一《いち》か八《ばち》か、賽の目の出たとこ勝負で運だめしをする、あの「張る」である。

少し長く引用したが、これで十分だ。催促するの意味の古語「はたる」からという説もあるが、考えすぎだろう。

『すらんぐ』に「高飛車に出て相手を恐喝することをいうが……」とあった。寛延二年（一七四九）初演の浄瑠璃『双蝶《ふたつちょう》々曲輪《ちょうくるわ》日記《にっき》』（四）に、「総別わごりょたちが喧嘩仕掛けて物取るをはったりと言うて今はやるげな」とあるのがその説明になっている。『大辞典』（昭和九―一一年）には、方言として茨城県南部にこの語があるとする。

大槻文彦『大言海』（昭和九年）に

はッたりーや（名）偽物ヲ売リツクルモノ。

という項目がある。『大辞典』にも出ているが、昭和三十年の『広辞苑』には無い。これも実物以上に見せようとするという意味から出たのだろう。

カルタ

カルタはポルトガル語 **carta**、英語なら **card** だ。大学でドイツ語を習った時に、「英語の **card**、ドイツ語の **Karte**、フランス語の **carte**、ポルトガル語の **carta** は同じ語源なのだが、日本語では別々の意味になっている。」ということを教えられた。フランス語のは、ア・ラ・カルトのカルトで献立表のことだ。新村出《しんむらいずる》の論文「賀留多の伝来と流行」（『南蛮更紗』所収）には、

元来英のカード、独のカルテ、蘭のカールト、仏のカルト及び葡西伊のカルタ、いづれも拉丁語のカルタから出た語で、尚一歩遡れば紙葉の意味の希臘語のカルテーに帰するので、英国史で有名なマグナ・カルタのカルタも右の拉丁語に外ならぬし、又英国で海図のことをチャートといふのも、一種の特許文書をチャーターといふのも、同じ語の転化と変形とである。（蘭は阿蘭陀《オランダ》、葡は葡萄牙《ポルトガル》、西は西班牙《スペイン》、伊は伊太利《イタリア》、拉丁はラテン、希臘はギリシャ）

と詳しく記してある。

カルタ（本朝二十不孝・三・二）

ポルトガル人が日本に来るようになって carta が伝えられ、それをまねて国産のカルタを作った。最初のものを天正カルタと言う。

正徳五年（一七一五）の絵入り百科事典『和《わ》漢《かん》三《さん》才《さい》図《ず》会《え》』（嬉戯部）の「摴蒱（かりた）」の項に、今のものは南蛮から出たもので、厚紙の外は黒く内は白くして絵が描いてあり、青色のハウ、赤色のイス、円形のオル、半円のコップの四種それぞれ十二枚の四十八枚で（ハウは棍棒 pau、イスは剣 espada、オルは金貨 ouro、コップは聖杯 copa）、その絵は、一は虫の形でツムと言い、二から九までは数の目、十は僧の形、十一は騎馬、十二は武将に似てキリと言う、その名も蛮語である、とある。ここでカリタと記しているのは、カルタと古くからある賭博のカリウチとをごっちゃにしたものと思われる。

カルタは賭博に用いるのでたびたび禁止されるのだが、その度ごとに絵柄などを変えたものが作られ、寛政の改革（一七八七―九三）で禁止されると、純日本的な絵柄の花札が作られるようになった。

いっぽう江戸前期には歌カルタも作られた。「歌留多」という当て字は、歌カルタからのものではないかと思う。

賭博には使えそうもない歌カルタでも「むべ山」という賭博ができた。百人一首の下の句を記した札を配り、上の句を読んでその札の下の句にあたる札を伏せ、手持ちの札を伏せ終わった者を勝ちとするのだそうだ（『日本国語大辞典』による）。明和四年（一七六七）に出た上田秋成の若い時の小説『世間妾形気《せけんてかけかたぎ》』（二・二）に、「雛館《ひなやかた》によりたかりて、ついまつむべ山の遊び」とあり、江戸中期には行われていたことが分かる。歌を知らないと出来ない賭博だ。

ついでにトランプについて。英語のtrumpは切り札のことだ。明治初期に外国人が遊んでいて、切り札が出てtrumpと言ったのを、このカードのことと勘違いしたのが始まりだろう。

ピンからキリまで

太宰治の小説『眉山』（昭和二三）に、

「いまの、はやり言葉ぢゃないんですか？　何でも眉山の家は、静岡市の名門で、……」

「名門？　ピンからキリまであるものだな、」

とある。初めから終わりまで、最高から最低までの意味で「ピンからキリまで」と言う。

ピンは天正カルタの1の札、キリは12の札のことだ。

ピンについて、大槻文彦『言海』で、「［一点ノ意ナル西班牙語、Punta（英、Point.）の転訛ナラム］骨牌《カルタ》、又ハ博奕ノ采ノ目ノ面ノ数ノ一ツナルコト」として以来、たいていの辞書でスペイン語としてきた。昭和九－十一年の『大辞典』で、「punta（西）pinta（葡）の訛」と、ポルトガル語説も並べた。大正十二年刊の新村出の論文「賀留多の伝来と流行」（『南蛮更紗』所収）に「「ピンからキリまで」といふ文句のピンは既に先輩が見当をつけてゐる通り、南蛮語ではあらうが、西班牙のプンタ（点）といふ語から出たと即断してしまふわけにはゆかぬ。この語はカルタの一点から出たらしく思へるが、先輩はむしろ葡語のピンタを取る。西語にもピンタともプンタともいふ。葡語には別にポンタといふ語がある。即ち英語のポイントに当る。」とあり、同じ年の『長崎市史　風俗編』（下・遊戯）に、「めくりカルタの一を虫またはピンと云ふ。（略）ピンは葡語 **pinta** の約であらう。ピンタは特徴を意味するのである」とあるのがポルトガル語とする最初だろうか。十六世紀に日本へ来た西洋人はたいていポルトガル人なのだから、ピンはポルトガル語だろう。

J・C・ヘボン（Hepburn）の和英辞典『和英語林集成』の明治五年刊の第二版に、

PIN, ピン, n（名詞）.The ace on a dice.（ダイスの1）

とある。時代劇の丁半賭博の場で、一の目が二つ出ると「ピンゾロの丁」と言う。カルタ賭博の語をサイコロ賭博のほうでも採り入れたのだろう。下級武士をあざけって、サンピンと言うのは、さいころの三と一の目のことを、年俸が三両一人扶持の最低の武士という意味にずらしたものだ。

上前をはねることを「ピンはね」と言う。一部分、つまり最初のところなのでピンと言うとも、奉公人が代金の一割をかすめたのでピンと言うとも言う。いずれにせよ同じピンだ。

キリのほうは、先に引いた『和漢三才図会』に、十二は武将に似てキリと言うとあった（黒川道祐著貞享三年（一六八六）刊の京都の地誌『雍州府志《ようしゅうふし》』（土産門下）ではキリの語は無く、踞《うずくま》る人で庶人を表すとする）。谷川士清《ことすが》の辞書『倭訓栞《わくんのしおり》』にも、「かるたにきりといふは蛮語也」とある。ところがその後の辞書にはこの項目は見えなくなり、昭和七年の大槻文彦『大言海』で復活して、「[葡萄牙語ナルベシ]骨牌《カルタ》ニ云フ語。トヲ。十《ジフ》。終《ヲハリ》」して『倭訓栞』を引用してある。『大辞典』では『和漢三才図会』を引いているが、語源についての説明は無い。

語源については二つの説がある。①先に引いた大正十二年の新村出の論文には「キリとは最末といふことで切の意かと思ふ。」とあり、同じ年の『長崎市史』にも、先のピンのあとに

「十二をキリと云ふ。キリは切りで即ち終を意味するものと考へたい。」とある。楳垣実《うめがきみのる》『猫も杓子も』（昭和三五）でも、「十二は最後の札である。だから「最後」「終り」という意味の「切り」だと考えて一向に差支えはないと思う。」とする。②右に引いた『大言海』は「葡萄牙語ナルベシ」とした。昭和十六年刊のあらかわ・そうべゑ『外来語辞典』では、ポルトガル語**cruz**で、「クルスのなまり」とし、その後に、「十字形から十の意にもちひ、「一から十まで」を「ピンからキリまで」といふ。」とする。

ピンがポルトガル語ならキリも同じと考えたい。ただしキリはカルタでは十二だから、十とするのはどうだろうか。交差した二本の線が漢字の「十」に見えるから十字架と言うのだが、これを数字の十に見るのは漢字文化圏だけでのことで、西洋人はそんなことは思わないだろう。ローマ数字では十はXで、Xでキリストを表すこともあるが、それでキリになったのではなかろう。もう一つ分からないのは、武将の絵（和漢三才図会）がなぜ**cruz**（十字架）なのだろうか。それにクルスからキリにはなりにくいようにも思う。そうすると①の「切り」が妥当か。

花札で十二月に桐が描いてあるのは、楳垣実『猫も杓子も』に、「その「花ガルタ」の十二月が「桐」であるのは、あるいはこのキリが十二であったことと関係があるのかもしれない。」とあるのが正しかろう。桐の花は夏に咲くものだし、桐の葉は秋の季語だ。十二月は真冬で都合よく咲く花が無い。十二がキリなので桐にしたのだろう。大正八年刊の上田万年《かずとし》・松井簡治

『大日本国語辞典』で「ぴんからきりまで」を「博奕の語。正月をぴんといひ、十二月を桐（キリ）とするよりいふ」とするのは本末転倒だろう。

語源と関わりは無いが、花札についてちょっと記す。昔の花札には和歌が書いてあった。今も五点の札に短冊が描いてあるのはそのせいかもしれない。記してある歌は次のとおりだ。

正月（松）　常盤《ときは》なる松の緑も春来ればいまひとしほの色まさりけり　源《みなもとの》　宗于《むねゆき》
（古今集・春上・二四）

二月（梅）　鶯の鳴く音はしるき（正しくは「鳴くはしるきに」）梅の花色まがへとや雪の降るらむ　紀貫之
（続後拾遺集・春上・一四）

四月（藤）　我が宿の池の藤波咲きにけり山時鳥《やまほととぎす》いつか来鳴かむ　詠み人知らず
（古今集・夏・一三五）

五月（菖蒲）　唐衣《からころも》着つつなれにし妻しあればはるばる来ぬる旅をしぞ思ふ　在原業平
（古今集・羇旅・四一〇）（「かきつばた」の折句。だから絵はアヤメでなくカキツバタだ。）

八月（薄）　行く末は空も一つの武蔵野に草の原より出づる月影　藤原良経《よしつね》
（新古今集・秋上・四二二）

十月（紅葉）　下紅葉かつ散る山の夕時雨濡れてやひとり鹿の鳴くらむ　藤原家隆《いえたか》
（新古今集・秋下・四三七）

歌が分からない絵もある。

十二月の桐にいる鳥は鳳凰《ほうおう》だ。『枕草子』（三七・木の花は）に、「唐土《もろこし》にことごとしき（大袈裟な）名付きたる鳥の選《え》りてこれにのみゐるらむ、いみじう心異なり」とある。これを詠んだ歌は無いようだ。

十一月の絵の傘をさした人は小野道風《おののみちかぜ》だ。人名の入った歌など考えられない。百人一首に入れなかったので花札へ来たのでもあるまい。

歌とは関係が無いが、十月の紅葉の十点の札に描かれている鹿は横を向いているので、わざと無視することをシカト（鹿十）と言うのだそうだ。

先斗町《ぽんとちょう》

吉井勇の『酒ほがひ』（祇園冊子）に、

先斗町《ぽんとちやう》のあそびの家の灯《ひ》のうつる水なつかしや君とながむる

という歌がある。京都市中京区の鴨川の西岸の三条と四条との間に花街の先斗町がある。日本の地名には珍しく半濁音のポで始まる。

この地名が全国的に知られるようになったのは、昭和三十九年に和田弘とマヒナスターズが歌ってヒットした「お座敷小唄」に、

富士の高嶺に降る雪も、京都先斗町に降る雪も、雪に変わりはないじゃなし、溶けて流れりゃみな同じ

とあったのによるのだろう。余談だが、「変わりはないじゃなし」は「あるじゃなし」の誤りでないかということでも話題になった。

この地名について、谷川士清《たにがわことすが》の辞書『倭訓栞《わくんのしおり》』に、「ほんと　先斗と書けるは博奕の名目よ

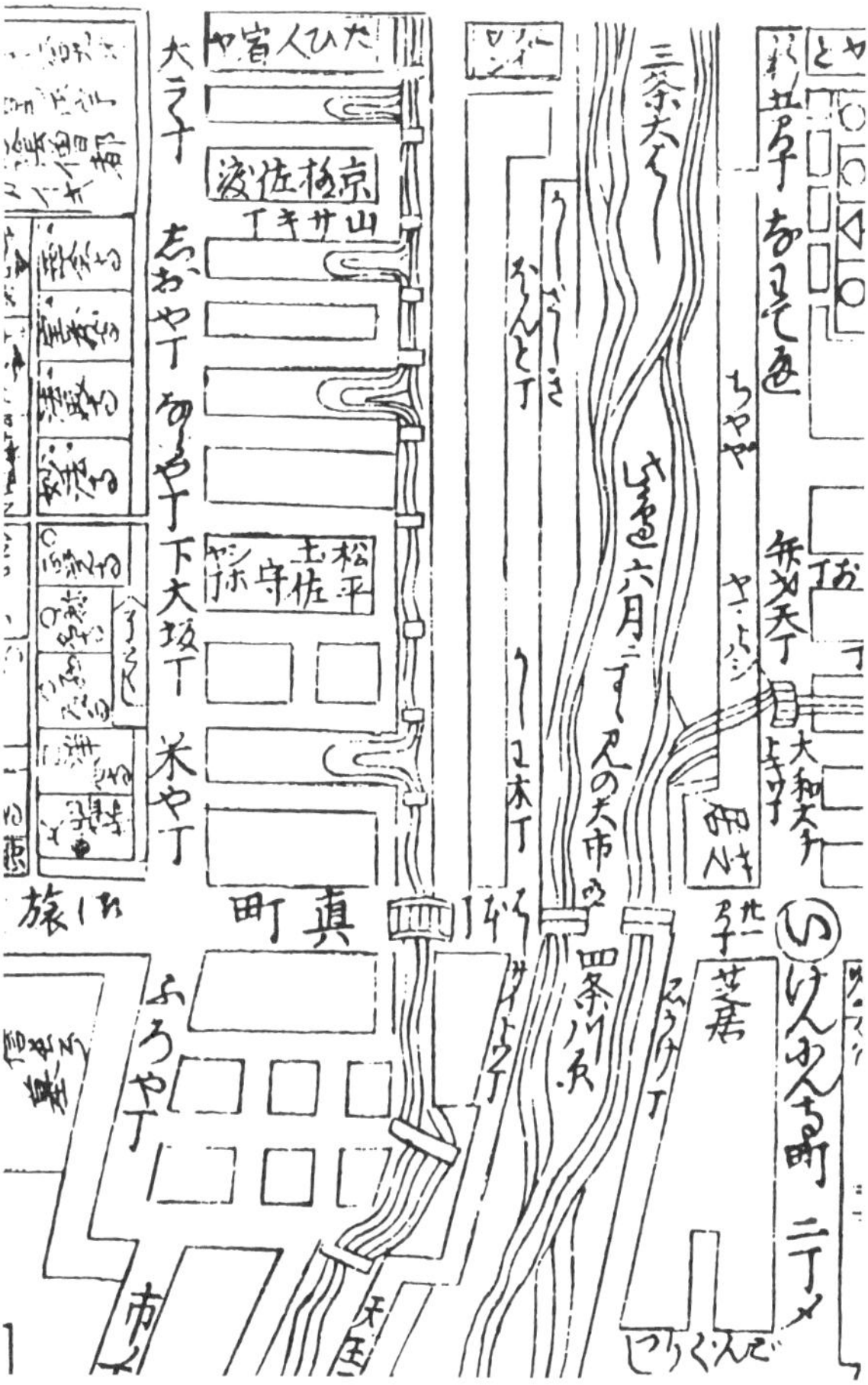

ほんと丁
（延喜三年版『増補再版 京大絵図』）

り出でたり」とあるとおり、もとは賭博の用語だった。井原西鶴の『本朝二十不孝』（三・二）に、

ある時、小家に集まり、賀留多《かるた》の勝負を始めける。かやうの人の小判を二十両づつ先斗《ほんと》にはられしを見て、近所の人これを驚き

とある。この「ポント」については、①「ポントは先頭とか真先とかいふ様な意味に見え」（新村出「ぽんと町称呼考」『琅玕記《ろうかんき》』所収）、「最初に金を賭けるをいふ。」（暉峻康隆《てるおかやすたか》『定本西鶴全集・第三巻』）とも、②「カルタの札を並べた時、その端にある札。」（『日本国語大辞典』）とも、③「ポルトガル語で、por ponto 成就する、なしとげるの意味を逆にとって、完全に破滅するの意であろう。まっさきに金を賭けるの意か。」（松田修『日本古典文学全集・井原西鶴集・二』）とも、④「肩ピン」と言う右端か左端の一の札（松田道弘『トランプものがたり』）とも、⑤ゲームの最初にのみ（さきばかり）賭ける（杉本重雄『ポントを解く　京都「先斗町」地名考』）とも言う。この『本朝二十不孝』の一例くらいしか見当たらないようなので、どれが正しいのか決めかねる。ただ、カルタの用語なのだから外来語だろうとは推測できる。

カルタの用語がなぜ地名になったのか。先に引いた新村出の「ぽんと町称呼考」でこれについて詳しく考証している。

さて今葡萄牙語でいふならばポントとポンタとの二語形のうちで前者は点の意味をあらは

し、後者は先の意味をあらはすのであるが、日本語に於てはカルタ語のポントの語形のうちに先端といふポンタの内容が摂取されてしまった様である。（略）
されば先斗をポントと読んでゐるが其実先の一字がポントと読まるべきもので斗の字は、いはゞ送り仮名、捨て仮名に外ならぬのである。とかく一字の漢字を二字に延ばしたがる日本人は先の一字でよいところを二字に延ばしてしまったのだ。（略）
私の考へではカルタ用語の先斗といふ名を、あゝいふ一廓では常に遊客が慣用するに違ひないから寛文延宝以後新開の土地に遊戯的に命名されたものと思ふのである。鴨川の中に突出た州崎地であるから先斗といふ俗語をあてはめたのであらう。殊更南蛮語として命名したのではなからうが、唯あゝいふ界隈であるからそれ相当の博奕語を以て名づけたに過ぎないのではなからうか。（略）然し京都のポント町のは、少しまはりくどく一旦カルタ用語になったのが、博奕などをやる遊客連によっていたづら半分、しゃれまじりに命名されたものであらうと考へられる。
先のポンタと点のポントが混同したという点だけは首をかしげたくなるが、他の考えも浮かばない。それ以外は新村の言うとおりだろう。
先斗町の簡単な歴史を記す。寛文十年（一六七〇）に鴨川の護岸工事として石垣を築いたので、西側の高瀬川との間に町筋が出来た。延宝二年（一六七四）に民家の建設が認められて五戸が立った。延宝・天和ころには遊郭の島原へ通うための中宿や出会い宿があった。正徳二年（一七一二）に茶屋・旅籠屋・生洲《いけす》などの営業が許され、文化十年（一八一三）に芸子を置くことが認められて色里になった（探した中でいちばん詳しかった前田金五郎『好色一代男全注釈　下巻』による）。

ポント町の文献初出は井原西鶴の天和二年（一六八二）刊『好色一代男』（六・二）の「ぽんと町の小宿にかへりぬ」と言われている。「先斗町」と書いたものは、元禄六年（一六九三）刊の西鶴作かという『浮世栄華一代男』（一・四）の「四条ちかき先斗町《ぽんと》に」が古いほうだ。（西鶴本での濁音の有無は写真版で確認した）

すべた

式亭三馬の『浮世床』（初・中）に、「なんでも女房は野暮な不器量がいいぜ。から云って、おれがすべたを持ったから負け惜しみをいふぢゃアねえが」とある。醜い女をスベタと言ったのだが、近ごろはブスに押されてほとんど聞かなくなった。『嬉遊笑覧《きゆうしょうらん》（日本随筆大成本）』（九）に、「安永七八年（一七七八、九）ごろより、よからぬ女をすべたと云ふは、骨牌より出たる言葉とぞ」とある。

カルタの絵柄については「カルタ」の項に記したが、菊岡沾涼《きくおかせんりょう》の『本朝世事談綺』（二・器用門）の「賀留多《かるた》」の項に、四種の紋があり、「一種は伊須《いす》と云ふ。南蛮には剣を伊須波多《いすはた》と云へり。よって此の紋、剣の状を画《えが》く」とある。新村出「ぽんと町称呼考」（『琅玕記』所収）に、「イスとは南蛮語のイスパダの略である。即ち英語のスペードに当るけれども鋤のことではなく、剣のことである。スベタは勿論イスパダの転訛である。」という説明がある。ポルトガル語は**espada**、英語なら**spade**だ。新村は「賀留多の伝来と流行」（『南蛮更紗』所収）には、「スベタといふ卑俗語も又カルタ用語のイスパダの転で、日本語の素下手といふ様な連想も手つだって、あゝいふ意味に転じていったのだ。」とする。

宮武外骨《みやたけがいこつ》の『賭博史』に「無点（スベタ）」と記してあるのから考えると、このスベタは点が無い最低の札であるようだ。そこから醜い女を言うようになったのだろう。もっとも初めは女だけでなく、安永二年（一七七三）刊の洒落本『当世気どり草』に、王子（東京都北区）の稲荷社に祈る男が、「こっちは凡夫のすべたの身、おまへは通力変化のおや玉、腕押ししてはコリャ敵はぬ」とあることからは、取り柄のない男にも言ったことが知られる。

内田魯庵の明治三十一年の小説『老車夫』に、「民の様な孩児《がき》の巾着銭《きんちゃくぜに》までくすねて醜面売女《すべたぢごく》に入上《いりあ》げるッて其心持が己《おれ》には面白くねエ」とあり、明治三十三年の小杉天外の小説『初すがた』（一〇）にも、「彼様《あん》なすべた地獄なんぞに誑《だま》されアがッて。」とある。「地獄」というのは売春婦のこと、そういう意味に使うこともあったようだ。

高見順が昭和十年に発表した長編小説『故旧忘れ得べき』（四）に、「自分をズベ公と思はしたくないんだ。ふふん。」とある。不良少女を「ずべ公」と言うのは、このスベタを略して後ろに「公」を付けたものではないかと思うが、日置昌一『ものしり事典 言語篇』（昭和二七）

では、「堕《だ》らしのないこと、つまり「ずべら」から生れた隠語であって、いわゆる不良少女をさしていう東京の俗語である。それが転じて「尻軽女《しりかるおんな》」または「浮気《うわき》女」の意味にもひろく使われるようになったのである。」と言う。「ずべら」は谷崎潤一郎『蓼喰ふ虫』（一三）に、「さうは行かんさ、僕はずべらぢゃあるけれども、そんなキマリの付かないことは嫌ひなんだ」とある。

暉峻康隆《てるおかやすたか》『すらんぐ』（昭和三二）では、「とくに男女関係において、やりっぱなしでだらしがない「ずべ公」は、新潟方言で「あのずべがしたことだ。」などいう「ずべ」に公をくっつけた擬人名の一種である。」とする（新潟出身のT君の話では、新潟にズベという語はないそうだ）。いずれにせよ、昭和初期ころからの言葉のようだ。

賭博とは関係ないが、最後にブスのこと。ブはブオトコなどのブで醜いこと、スはスケ（女）の略と言われている。ブスケは昭和六年に出た『特殊語百科辞典』に出ている。太田全斎『俚言集覧』には、「附子　俗に毒のことをブスと云ふ。因って人にも甚だ悪《にく》み嫌ふをば附《ブ》子《ス》といふ。また附子顔《ブスヅラ》といふ。」とある（このブスは狂言『附子』で知られるものだ）。これによって大槻文彦『大言海』では「毒毒シキ顔ツキ。ニクニクシキ面相。」としている。東条操『全国方言辞典』には、宮城・越後・茨城などで、無愛想・むっつり屋を「ぶす」と言うとある。茨城県・栃木県などに、不満げな顔をするのを「ブスクレル」と言う所がある。そんな方言が広まって女に限定して用いるようになったとも考えられる。

やくざ

二葉亭四迷『平凡』(三二)に、

苟《いやしく》も男児たる者が女なんぞに惚れて性根を失ふなどゝ、そんな腐った、そんなやくざな根性で何が出来ると息巻いてゐた。

とある。

この語源について、新井白蛾《あらいはくが》の宝暦六年(一七五六)刊の随筆『牛馬問』(一)に、亡父から聞いたこととして、三枚という博奕《ばくち》では、八九の数を最上とし十は数にならない、八九三は二十になって役に立たない、「それより彼輩《かのともがら》の内にては、すべて物の悪きことを八九三《やくざ》々々と言ひ始めたるとなり。」と述べている。次のオイチョカブに詳しく書くが、二枚または三枚の数字を足して下の一桁が九であるのが最高で、〇は最低だ。それで八九三(ヤクザ)は最低だというのだ。元文元年(一七三六)初演の浄瑠璃『和田合戦女舞鶴《わだかっせんおんなまいづる》』(四)には、わざわざ「八九三」と書いてある。

この説はこじつけではあるまいか。役に立たないこと、つまらないことをヤクザと言っていて、それにこんな語源説を付けたのではないかという気がする。ただ右の『牛馬問』より古い例が無いのが心残りだ。

オイチョカブ

織田作之助の昭和十五年の小説『放浪』（三）に、

男はカブの北田といい、千日前界隈で顔の売れたでん公であった。
その夜オイチョカブの北田にそそのかされて、新世界のある家の二階で四五人のでん公と博打をした。インケツ、ニゾ、サンタ、シスン、ゴケ、ロッポー、ナキネ、オイチョ、カブ、ニゲなどと読み方も教はり、気の無い張り方をすると、「質屋《ヒチヤ》の外に荷《ニ》が降り」とカブが出来、金になった。生まれてはじめてほのぼのとした勝利感を覚え、何かしら自信に胸の血が温った。が、続けて張ってゐる内に結局はあり金全部とられて了ひ、むろんインチキだった。

という場面がある。四十枚の札を用いて、二枚あるいは三枚の札の数字を足して下一桁が九であるのが最高で〇を最低とする賭博がオイチョカブだ。

専用の札もあるそうだが、花札を使う場合は柳（十一月）と桐（十二月）、トランプの場合は絵札を除いてすることもある。わたくしはどこで覚えたのか記憶が無いが、中学生だったころにトランプでやっていたら、大人が見て、「スゴいことやってやがる。」と言ったのを覚えている。

寛文初年（一六六一―）刊の浅井了意の小説『浮世物語』（一・三）に、

また何時《いつ》のころよりか南蛮よりかるたと言へる物を渡し、一より十に至り四組になして勝負を決す。今は迦烏《かう》・追重《おひちょう》といふ事をして、人の前にまき渡す絵を、こなたより推して知る事、通力あるがごとくなる上手の煅煉《たんれん》ある者、世に多くなりける程に、立つ足も無く（ひどく）打ち負けて、一夜の内に乞食《こつじき》になる人多し。

とある。

このオイチョはポルトガル語の「八」の意味のoitoと言う。スペイン語学者の寺崎英樹さんのご意見では、カブもポルトガル語の「終わり、末端」の意味のcaboではないかということだ。

八をオイチョと言い、九をカブと言うので、オイチョカブだ。それ以外の数は、〇をブタ、一をピン、二をニゾウ、三をサンタ、四をヨツヤ、五をゴケ、六をロッポ、七をシチケンまたはナキと言う。織田の小説にもあるように、地方によって数の名はさまざまだそうだ。わたくしはカブとブタしか知らなかった。だからなぜオイチョカブと言うのか分からなかった。一のピンは前に記したとおりポルトガル語だが、それ以外は日本語だ。なぜ一と八・九にだけポルトガル語を使うのだろう。

ぴか一《いち》

坂口安吾『安吾捕物帳』（踊る時計）に

置時計や燭台やサモワル。それらは同時に珍しい美術的なものだが、四囲の古代のピカ一的な美術品にくらべると、現代の美術品には妖気がない。

とある。同じ坂口安吾の『不連続殺人事件』には、土井光一という人物がピカ一というあだ名で呼ばれる。

「ぴか一」はもとは花札の用語だった。

志賀直哉の『暗夜行路』（三・一四）に、花札をする場面があり、そこに、

　水谷は一ト通り手役を説明してから、
「光一《ぴかいち》が一名ガチャ。丹一《たんいち》が丹兵衛《たんべゑ》……」こんなことを云ひながら、「光一」の下に「ガチャとも云ふ」などと書いた。

とある。

これが辞典に載ったのは、昭和九―十一年の『大辞典』が最初か。

ピカイチ　光一　㊀賭博語。花骨牌の手役の一。自己の分けられた七枚の札中、二十物一枚で他は皆な素札なる場合。光《ひかり》物一つの義。㊁転じて、或る団体に於て美貌・技芸・人物何によらず唯一人傑出せるものの称。『あの劇団のぴか一』

とある。この辞典では、これに続いて、ピカイチイチニーシ（光一一二四）、ピカイチクッツキ（光一喰附）、ピカイチサンボン（光一三本）、ピカイチシサン（光一四三）、ピカイチテシ（光一手四）、ピカイチハネケン（光一はねけん）の項目を立てている。よほど花札の好きな人が辞書に載せる項目を決めたのだろう。

『大辞典』の㊁に記すナンバーワンの意味は、花札の用語から出たものの、そちらの意味と

はあまり関係無く、いちばん光るものという気持ちで言うのだろう。

麻雀《マージャン》

「麻雀」は現代中国語では ma-que と読んで、スズメのことだ。マージャンのことは「麻将」と言う。

麻雀の原型は、宋の時代に起こって、明の天啓年間（一六二一―二七）に完成した「馬吊（マーティアオ）」とされる。これは初めは十字・万字《マンズ》・素子《ソーズ》・筒子《トンズ》の四種類四十枚の紙の牌だったが、後に『水滸伝』の好漢百八人の顔を描いた百八枚のものになった。そのころ盗賊を「馬将」と呼んでいたので、この紙の牌も「馬将（マージャン）」と呼ぶようになった。後に骨牌になってもマージャンの名は残った。そして牌をかき混ぜる音がスズメ（麻雀）の鳴き声のようなので、「麻雀」とも言った。しかし「馬将」も残って、「麻雀」と書いてもマージャンと言うようになった（『日中辞典』（小学館）による）。現在の形のものになったのは、清の光緒初年（一八七五―）の浙江省寧波《ニンポー》の秀才陳魚門の力によるものと言う。

日本に伝わったのは、樺太（サハリン）大泊中学教頭の名川彦作が明治三十八年に中国四川省資州師範学堂へ英語教師として招かれ、五年後に帰国し、その時に持ち帰って同僚たちに麻雀を教えたのが最初と言われている。

アガサ・クリスティの一九二六年刊 The Murder of Roger Ackroid（アクロイド殺人事件）の十六章は An evening at Mah Jung（マージャンの夕べ）という題で、King's Abott というイギリスの片田舎の村で麻雀をすることが描かれている。欧米には日本よりも早く伝わって一時は盛んだったが、用語が漢字であることや、点数計算が複雑であることなどから、流行は長く続かなかった。

8

遊郭

「遊」の字は、本来は所定めず歩き回る、旅行するの意味で、アソブの意味になるのはそれから転じたものだ。

「遊郭」とか「遊女」とかいう語は和製漢語のようだ（『大漢和辞典』）。清の黄宗義の「用文案の序」に「遊女」とあるそうだが（白川静『字通』）、日本では承平四年（九三四）ころ成立の源《みなもとの》順《したがう》の辞書『倭名類聚抄《わみょうるいじゅしょう》』に「遊女」が出ていてウカレメ・アソビと訓を付けてあるから、はるかに古い。そういうアソビも「遊」の漢字にして、色事の意味に用いるようになったのだろう。

郭《くるわ》

遊郭を和語ではクルワと言う。

藤本箕山《ふじもときざん》の元禄初年（一六八八―）成立の『色道大鏡《しきどうおおかがみ》』（一）に、

くるわ　曲郭《くるわ》とも曲輪《くるわ》とも書く。廓の一字をもくるわと読む。郭《くるわ》とも書く。城郭の心なり。いづくにても傾城町の一構へを郭《くるわ》と言ふなり。

遊郭　惣じて傾城町の事なり。

とある。もう少し補うと、クルワというのは、本来は城や砦《とりで》などに築いた土や石の囲いのことで、室町時代から例が見られる。「郭」という漢字そのものが、『礼記《らいき》』（礼運）に、「城郭溝池以て固めと為す」とあるように、都市や砦を守る外囲いの意味だ。遊郭に用いるのは、やはり回りを囲んであるからで、例は『好色一代男』（七・六）に、「一たび墎《くるわ》の苦患《くげん》をのがれしを」

とあるなど、江戸時代から見える。

クルワの語源について、新井白石の『東雅』(地輿)に、「郭の字、古訓を知らず。近くは読みてクルワと言ふ。(略)クルとは回也。車をクルマなどいふもまたしかり。ワとはまた回也。浦回・里回などいふことのごとく」と述べ、谷川士清《ことすが》の『倭訓栞《わくんのしおり》』でも「転回《クルワ》の義なるべし」とする。囲んであるの意味だと言うのだ。

江戸時代には全国に二十五の官許の遊郭があった。『異本洞房語園』(一)に、

諸国遊女町

一武陽浅草新吉原　一京都島原
一大坂瓢箪町　一伏見夷町　しゅもく町とも云ふ
一同所柳町　一奈良鳴川　木辻とも云ふ
一大津馬場町　一駿州府中弥勒町
一越前敦賀六軒町　一同国三国松下
一同国今庄新町　一泉州堺北高洲町
一同国同所南津守　一摂州兵庫磯の町
一石見塩泉津稲町　一佐渡鮎川山崎町
一摂州室小野町　一備後鞆蟻鼠町

一芸州多太海　　一同国宮島新町
一長門下関稲荷原　一筑前博多柳町
一肥前長崎丸山町　一薩州樺島田町
一同国山鹿野　寄合町とも云ふ
　右都合二十五ケ所

とある。

花柳界《かりゅうかい》

芸者や遊女の社会を「花柳界」と言う。坪内逍遥『当世書生気質《かたぎ》』（一九）に、「或《あるひ》は花柳界《くわりうくわい》にあくがれあるきて。学生の本分を誤るものなり。」とあるのなどが古い例だ。

李白の詩「夜郎に流され辛判官に贈る（流夜郎贈辛判官）」の最初に、

昔長安に在りて花柳に酔ひ、五侯七貴杯酒を同じくす（昔在長安酔花柳、五侯七貴同杯酒）

とある。中国で「花柳」と言ったのだ。「花街柳巷」（花の咲く街と柳のある街の意味から、どちらも色里）を略したものと言う。唐の呂巖《りょがん》の「敲爻歌《こうこうか》」という長い詩に、

花街柳巷に真人を覓《もと》む、真人は只花街に在りて翫《もてあそ》ぶ（花街柳巷覓真人、真人只在花街翫）

とある。

日本で「花柳」という語は、漢詩文を愛好する者が使い始めたのだろう。宝暦八年（一七五

八）刊の高野蘭亭《たかのらんてい》『蘭亭先生詩集』（九）の「春閨怨」に、

長安の花柳余暉《ようん》（夕日の光）に靄《たなび》く、紅粉（べにおしろい）の楼中人未《いま》だ帰らず（長安花柳靄余暉　紅粉楼中人未帰）

とあるのが見付け出した最古の例だ。

吉原《よしわら》

江戸幕府は、元和三年（一六一七）にそれまで市中に散在していた遊女屋をまとめて葺屋《ふきや》町（中央区日本橋人形町付近）に傾城町を作ることを許可し、翌四年に開業した。そこは葭《よし》（アシ）の生えた湿地を埋め立てた土地なので葭原と言ったが、後にめでたい字にして吉原と書くようになったと言う。

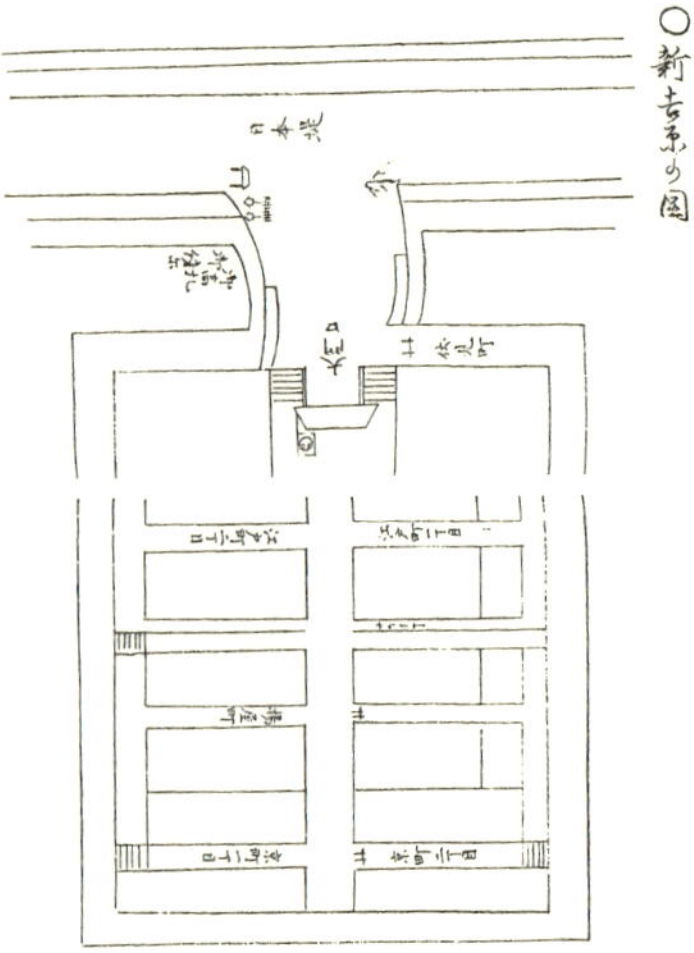

新吉原（異本洞房語園）

江戸の町が発展すると、吉原は市街地の中心部になってきたので、幕府は明暦二年（一六五六）十月に本所か浅草《あさくさ》日本堤《にほんづつみ》への移転を命じた。翌三年正月の江戸の大火（明暦の大火）で吉原も類焼したので、同年八月に日本堤（東京都台東区千束《せんぞく》四丁目）に移転して営業を始めた。以後ここを「新吉原」と呼ぶようになり、「吉原」と言えばこちらになった。日

吉原（江戸名所記・七）

本橋のほうは「元吉原」と言うことになった（主として庄司勝富《しょうじかつとみ》『異本洞房語園』（一）による）。

島原《しまばら》

京都には古くから遊里があって、室町時代には「九条の里」という傾城町があったと言う。天正十七年（一五八九）には豊臣秀吉の許可により、京極万里小路《までのこうじ》・冷泉押小路の間に「二条柳町」の遊里が作られた。慶長七年（一六〇二）に六条に移されて「六条柳町・六条三筋」と呼ばれた。寛永十七年（一六四〇）に京都所司代板倉重宗《しげむね》の命で朱雀野西新屋敷に移され、「島原」と呼ばれるようになった。「島原」と呼ばれる理由について、藤本《ふじもと》箕山《きざん》の『色道《しきどう》大鏡《おおかがみ》』（一二）には、①四方に堀があって一方口であるのが、寛

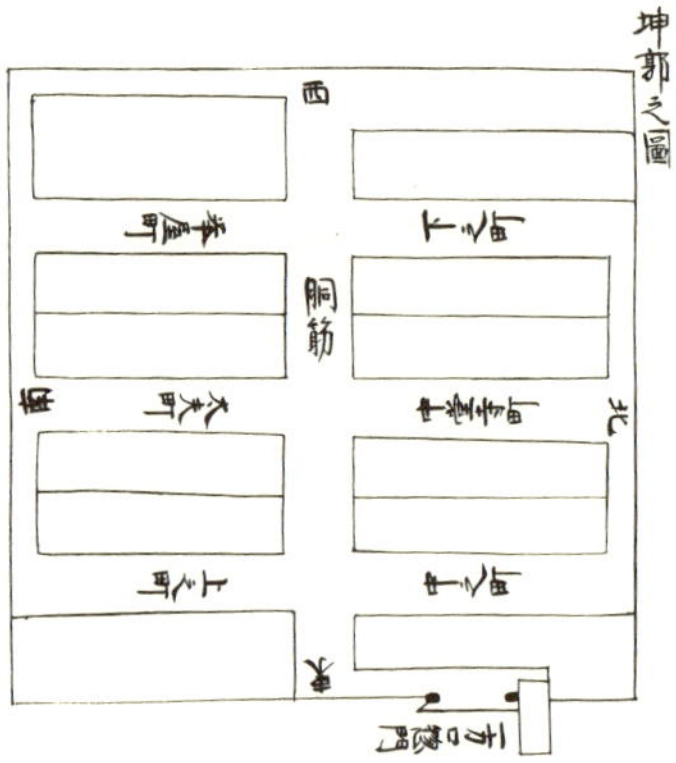

島原（色道大鏡・一二）

永十四年に起こった島原の乱で一揆軍の立て籠もった島原の城に似ているから、②鳥羽天皇の時代の嶋《しまの》千歳《せんざい》が遊女の根源で、この嶋の字を取ってこの遊郭に名付けた、原は広いという心だ、③肥後国（熊本県）に「たはれ嶋」という所があり「風流嶋」と書く、『伊勢物語』の真名本《まなぼん》（漢字で書いた本）には「遊嶋《たはれじま》」とある、「戯《たは》るる境地なればこの嶋の流れにしたひて嶋原と名づけ」たのだろう、という三説を上げる。①説を記しているものが多い（『浮世物語』（一）、『雍州府志』（九）など）。④島原の争乱の時にこの里もここに移されて騒がしかったからという説もある（都名所図会・二）。

島原が最も栄えたのは元禄（一六八八－一七〇四）ころと言われ、不便な土地だったので、以後は島原支配下の出稼ぎ地ということになっていた祇園・北野などの非公認の花街に押されて衰退した。滝沢馬琴は享和二年（一八〇二）の旅行記『羇旅漫録《きりょまんろく》』（中）に、

島原の郭、今は大いに衰へて、曲輪《くるわ》の土塀なども壊《くづ》れ倒れ、揚屋町《あげやまち》の外は家も巷《ちまた》も甚だ汚し。太夫（高級の遊女）の顔色、万事祇園に劣れり。しかれども人気の温和古雅なるところは、なかなか祇園の及ぶところにあらず。京都の人は島原へ行かず。道遠くして往来わづ

島原（京童・二）

らはしき故なり。故に多くは旅人をも祇園へ誘引す。

と述べている。

祇《ぎ》園《おん》

今では京都でいちばん知られている花街は「祇園」だろう。

この地名はインドから説明せねばならない。中インドの舎衛国に須《す》達《だつ》という長者がいた。慈善の気持ちが強く、身寄りの無い者（孤独）に施しをするので給《ぎっ》孤《こ》独《どく》長者と呼ばれていた。この長者が旅先の王舎城で聞いた釈迦の説法に感激し、家に帰って、釈迦や弟子たちを迎える精舎（修行のための建物）を建てる場所を探して、祇《ぎ》陀《だ》太子の林苑を手に入れようと考え、太子に願い出ると、譲る気の無い太子は、諦めさせようと、「金貨を地面に透き間の無いように敷きつめたらその値段で売ろう。」と言ったところ、長者は金貨を敷き始めた。太子は驚いてその土地を譲った。長者はそこに精舎を建てた。それで「祇樹給孤独園《ぎじゅぎっこどくおん》精舎」と言う（「祇樹」は祇陀太子の樹林）。「祇園」はその略だ。インドには今もその遺跡があるそうだ。『平家物語』の最初に「祇園精舎の鐘の声、諸行無常の響きあり」とあるのはこれのことだ。

京都の八坂神社は、明治元年の神仏分離令でこの名になったので、それ以前は祇園社（祇園感神院）と言った。社伝では、斉明天皇二年（六五六）に高句麗《こうくり》から来朝した伊利之《いりし》が創建したと言う。主祭神は素戔嗚尊《すさのおのみこと》で、神仏混淆でインドの祇園精舎の守護神の牛頭天王《ごずてんのう》と同体とされる。それでインドと京都とがつながる。

江戸初期ころに、西門から鴨川までの四条大路の南北に参詣者を相手にする水茶屋が出来、門前町として次第に栄えて島原を追い越した。今も花街として賑やかだ。

京都には先斗町《ぽんとちょう》もあるが、これは賭博の語に入れた。

傾城《けいせい》

江戸時代には、題名に「傾城」と入れた文学作品が多く作られた。小説では、浮世草子『けいせい色三味線』（江島其磧《えじまきせき》作、元禄一四（一七〇一）刊）、洒落本『契《けい》情買虎《せいかいとら》之《の》巻《まき》』（田にし金魚作、安永七（一七七八）刊）、合巻『傾城水滸伝《すいこでん》』（滝沢馬琴作、文政八（一八二五）から刊）など、演劇では、歌舞伎『けいせい浅間嶽《あさまがだけ》』（作者不明、元禄一一（一六九八）初演）、浄瑠璃『傾城反魂香』（近松門左衛門作、宝永五（一七〇八）初演）など。どれにも遊女が登場する。遊女を「傾城」と言ったのだ。

「傾城」は漢語だ。『漢書』（外戚伝・上）に、

北方に佳人有り。絶世にして独立す。一たび顧みれば人の城を傾け、再び顧みれば人の国を傾く。寧《いづく》んぞ傾城と傾国とを知らざらんや。佳人は再び得《え》難《がた》し。（北方有佳人。絶世而独立。一顧傾人城、再顧傾人国。寧不知傾城与傾国。佳人難再得。）

という、李延年《りえんねん》が妹を漢の武帝にすすめた時の詩がある。佳人が振り返ると、城や国が傾くのだ。なお漢字「城」は、城壁で囲んだ都市、国王の住む場所、国家などの意味で、姫路城・大阪城などのシロのことではない。

「傾城」の例は、古く『詩経』（大雅・瞻卬《せんぎょう》）に、「哲夫城を成し、哲婦城を傾く（哲夫成城、哲婦傾城。賢い男が城を作れば、悪賢い女が城を傾ける）」とある。しかし美人を傾城と言うのは李延年の詩が元になっているようだ。

日本では空海の『三教指帰』（下）に、

傾城の花の眼《まなこ》は忽爾《こつじ》として緑苔《りよくたい》の浮かべる沢となり、珠《たま》を垂れたる麗耳《れいじ》は倏然《しゆくぜん》として松風《しようふう》の通へる壑《たに》と作《な》る。（傾城花眼。忽爾為緑苔之浮沢。垂珠麗耳。倏然作松風之通壑）

とあるなど、古くから美人の意味に用いていた。難解な文だが、美人がたちまち衰えることを

言っている。
『宇治拾遺物語』（一二六〇）には、「今は昔、一条桟敷屋にある男泊まりて、傾城と臥したりけるに」とある。鎌倉時代には遊女の意味に用いるようになっていた。これは日本だけのことのようだ。
江戸時代には、
傾城と辻風（つむじ風）には逢わぬが秘密
傾城に誠無し
傾城の誠と卵の四角なのは無い
傾城の千枚起請《きしょう》（金になる客には何人にでも起請文（誓紙）を渡す）
傾城の空泣き
などと、遊女の信頼できないことを言う諺《ことわざ》めいた言い方があった。
略して「けい」と言うこともあった。藤本箕山《ふじもときざん》の元禄初年（一六八八―）成立『色道大鏡《しきどうおおかがみ》』（一八）に、
或いは座敷の往還に煙草盆《たばこぼん》ありて路を塞ぐ時は、立ちながら足にてこれを直すこと、客によらず傾《ケイ》によらず。
とあり、山東京伝の寛政二年（一七九〇）刊『傾城買四十八手』に、

ナニサあのけいはこっちの畠にはへねえ女郎さ。

とあるなど、江戸時代を通じて見られる。そこまで傾城が遊女であることが一般的になっていた。

おいらん

「おいらん」とは、江戸吉原の遊郭で、遊女、特に高級な遊女のことを言う。その語源は、長谷川宣昭『三余叢談』(三)や小山田与清《ともきよ》『松屋《まつのや》筆記』(四)に、新造(若手の遊女)や禿《かぶろ》(遊女見習いの少女)が姉女郎をおいらの所の姉さんと言うべきところをオイラントコと言い、それを略してオイランと言うようになったとする。姉女郎から高級の遊女の意味にもなり、明治になると一般の遊女を言うようにもなった。久松祐之『近世事物考』には、元禄(一六八八―一七〇四)ころに吉原仲の町に女郎がめいめい桜を植えたのを、禿が「おいらんがいっちよく咲く桜かな」と詠んだとある(「いっち」はいちばん、最もの意)。

文字絵おいらん(奇妙図彙)

喜多村信節《きたむらのぶよ》『嬉遊笑覧《きゆうしょうらん》』(九・娼妓)には、かしくという禿の句で、「いっちよく咲いたおいらが桜かな」とある。これらは姉女郎をオイラ(ン)と言ったことの傍証として記したのだろう。

五代目古今亭志ん生は、落語「お直し」のマクラで、えー、廓では、ご婦人のことを、花魁《おいらん》といったものであります。なぜ、おいらんといったかてぇと、狐、狸は尾で化かすけれど、花魁は手練手管《てれんてくだ》で化かすから、尾はいらないから〝おいらん〟だてんですが、あまりあてにゃァなりません。（志ん生廓ばなし）

と語っていた。もちろんこれはギャグなのだが、語源についてはこれ以外にもさまざまな珍説がある。

松葉軒東井『譬喩尽《たとえづくし》』（四）では、解らないので重ねて考えるに蛮語（西洋語）か、としている。山東京伝の『奇妙図彙』では、遊びには老人でも心を乱すので「老乱」と書くか、と述べる。この本には「おいらがのいっちよく咲く桜かな　かしく」の句も記してあるから、京伝はそちらが語源と知っていて、ここではふざけているのだろう。

西沢一鳳軒《にしざわいっぽうけん》の『綺語文章《ききょぶんしょう》』（一）では、「おいら」説、『奇妙図彙』の「老楽」説を記した後に、遊女には濃紫《こむらさき》・高尾・夕霧などと名を付けて、市中の婦女《おんな》のようにお里・おうの・お八重など呼ぶ太夫は稀で、市中の女にこと変わって、「廓の全盛におの字はいらぬとの心より、おいらん、おいらんと呼び習はせたるものか。」として、『高尾懺悔《たかおさんげ》』の文句に「年《ねん》があいての楽しみは、やがておの字の名を付けて」とあるので察せよ、と述べる。これもオイラ説か正しいと知っていて、最後にわざとこじつけを言っているのだろう。この文句は天明二年（一七八二）の富本節『新曲高尾懺悔』にある。

志ん生の落語の速記にあったように、オイランを漢字では「花魁」と書く。花の魁（さきがけ）ということだ。これは中国で遊女、特に美しい遊女を言ったのを輸入したものだ。明代の馮夢龍《ふうぼうりゅう》編の短編小説集『醒世恒言《せいせいこうげん》』に「売油郎独占花魁」（油売りが遊女を身請けする。日本の紺屋高尾の原話）という題の小説がある。明時代ころからの新語か。

お茶《ちゃ》っぴい

近ごろはあまり聞かなくなったが、おしゃべりででしゃばりな少女を「おちゃっぴい」と言った。この語は江戸中期から見える。川柳を数句上げる。

おちゃっぴい湯番のおやぢ言ひまかし（柳多留・三）

（銭湯に来た娘をからかった番台のおやじを逆に言い負かした）

おちゃっぴい鼻の穴から煙《けむ》を出し（柳多留拾遺・一〇）

おちゃっぴいあいは紺屋にござんやす（同）

（アイという返事をまぜかえした）

よしねえと前を合はせるおちゃっぴい（末摘花・初）

式亭三馬『浮世床』（二・上）には、「後生楽と名に立ちしおちゃっぴいのおてんば娘」とあるが、オテンバはその行動に重点があり、オチャッピイはおしゃべりで言う内容に重点があるだろう。

井原西鶴の『諸艶大鑑《しょえんおおかがみ》（好色二代男）』（二・三）に、

雁金屋《かりがねや》の利右衛門《りゑもん》は、下駄はいて、臼を頂き、「お茶をひかしゃれぬまじなひ」と言ふ。

とある。芸妓・娼妓が客に呼ばれないで暇《ひま》なことを「お茶を挽《ひ》く」と言う。

これについては諸説がある。

①庄司勝富《しょうじかつとみ》『異本洞房語園』（一）には、慶長元和（一五九六―一六二四）のころには、貴人たちも前もって約束して、いつ誰の家、何という太夫（高級な遊女）の点前《てまえ》で茶の会に参るなどと言って心安い同士がは誘い合ったという、お茶を挽くというのもこの節からの言葉だ、とある。少し舌足らずだが、遊女が茶を挽いて抹茶を作ったと言うのか。

②喜多村信節《のぶよ》『嬉遊笑覧』（九）には、徒然（退屈）で寂しいさまを言うのだとして、初期俳諧の、

花を見で留守して茶ひく座頭かな　元隣（宝蔵・四）
松風の音や茶をひく神の留守　如貞（続山井・冬発句上）

の二句をあげ、「茶をば留守居に挽かすることと見えたり。寂しき体《てい》思ふべし」と述べる。手持ち無沙汰で茶でも挽くしかないということを、売れない遊女の何もしないで退屈していることに言ったというのだろう。

③平亭銀鶏《へいていぎんけい》の天保六年（一八三五）刊『街能噂《ちまたのうわさ》』（初・二）では、上方の女郎の鹿恋《かこい》は、上位の

「太夫・天神に比べては、わびて居るといふより、茶の湯のことにかたどりて「かこひ」といひやす」ということで、「吉原であぶれてゐる女郎を、お茶を引いて居るといひヤスのも、今のかこひから来たやつで、矢張《やっぱり》客がなくて閑《しづか》な処に居るといふ心でありやせう」とある。茶の湯の囲い（茶の湯を行う小座敷）が寂しいからというのだ。

④日置昌一『ものしり事典　言語篇』（昭和二七）では、

伝説によると、むかし宮廷に仕えたあまたの美妃《びひ》が主君にお茶を献じて夜伽《よとぎ》の番が決まったもので、すなわちお茶を召し上ったものがその夜の撰に入り、お茶を引いたものは撰に漏《も》れたことから始まって、わが国でもお客がなくて張店《はりみせ》にいる娼妓、あるいは座敷に沙汰がなくて招かれないでいる芸者などのことを「お茶を引く」というようになったのである。もう一つの説は昔お客がなくって手すきな妓はお茶を挽いたことから生れた言葉だとも言われている。

と二つの説を示す。

日置の第一説はこじつけだろう。第二説はもっともらしいが、ほんとうにそんなことをしたという実例が知りたい。それが確認できないなら、『嬉遊笑覧』の説が良いように思う。

「お茶を挽く」の名詞形が「お茶挽き」だ。貞享三年（一六八六）刊の『好色三代男』（一・三）に、

なほこれより末、御茶挽《おちゃひき》女郎、多く借金の渕に入りて、浮かみ上がることもあらじと、行く末のことを語るを聞けば

とあるなど、江戸前期から見られる。「おちゃっぴい」はその変化したものだ。

福内鬼外（平賀源内）の浄瑠璃『神霊矢口渡《しんれいやぐちのわたし》』（四）に、

命がけのこと手伝はせ、ご褒美を貰ふ時は親方一人で温まる（金を儲ける）。この六蔵はおちゃっぴい。

とある。働いたのに金にならないことを言っている。売れない遊女は金にならないということを、少しずらして用いたのだろう。

「おちゃっぴい」について、暉峻康隆《てるおかやすたか》『すらんぐ』では、「いずれ売れのこりの女は、かわいげがない、というところから、小づらにくい小娘をののしるコトバとなったのである。」としている。遊女から普通の女にも言うようになったのだろう。

別の説もある。太田全斎『俚言集覧』には、『倭訓栞《わくんのしおり》』に「めのとわらは（略）今女孺の頭をおちゃあと言ふ」とあるのを引いて、「今俗のオチャッピイもこのオチャアより出でたるなるべし」とする。これは少し無理だろう。

おてんば

ついでに遊廓とは関係が無いが、『浮世床』にあったオテンバについて触れる。

『柳多留《やなぎだる》』(七)に、

おてんばに構ひなんなとてんば言ひ

という句がある。女が自分もてんばなのに、男にあんなおてんばは構うなと言っているのだ。江戸中期のこれなどが古い例だ。

山田美妙『日本大辞書』は、「[英国ノ俚語、Tomboy ノ転、即チ、カルハヅミナ女ノ義」スベテ、ヘウキンニ、ウハウハト騒グ性質」とする。たしかに Tomboy はおてんば娘の意味だが、英語が入って来るのは幕末のことだし、トンボイとオテンバとではかけ離れ過ぎている。

大槻文彦『大言海』は、「オテンバ」に「[蘭語、Ontaambaar] 女ノ、デスギタルモノ。タシナミナキ女。アバズレモノ。オキャン。」とし、「テンバ」に「[此語、古来、仏蘭西語ナリト云ヒ、又、顚婆ナリト云ヒ、又、天馬ナリト云ヒ、又、伝播ノ意義ノ変転シタルモノナリト云フガ、皆アラズ、蘭語ニゾアル」おてんば(於転婆)ノ上略。其条ヲ参見セヨ。」とする。オランダ語 ontembaar は、ならしにくい、御しがたい、不屈の、の意味の形容詞で、飼いならせるの意味の tembaar の前に否定の意味の on が付いたものだ。あらかわ・そうべゑ『外来語辞典』によれば、永田青嵐《ながたせいらん》(明治九―昭和一八)の『高所より見る』に、「お転婆は蘭語なり」とあるそうだ。暉峻康隆《てるおかやすたか》『すらんぐ』では、長崎から江戸へ来るオランダのカピタン(船長)の一行が、「元気な日本の娘を見て、「おお、おんてんばある」といったのが、そのままひろまっちまって、お転婆と書くようになった、という説が目下のところ一番よろしい。」と述べる。

『日本国語大辞典』によれば、金田一京助『国語研究』には、女子が出しゃばって足早に歩くのをデバデバと言い、それにオを付けたものからとするとあるそうだ。ほんとうにデバデバという語があるのだろうか。一六〇三年にイエズス会が出した『日葡《にっぽ》辞書』に、

Tebatebaxii（テバテバシイ）　追従をする（人）、あるいは、やさしくて情のこもった言葉で相手を喜ばせようとする（人）。テバテバシイ　イシャウノ　ヒト　色や模様などが突飛で、その人の人品に釣り合わない着物を着る。

とあるのはあるいはこれと関わるか。

『大言海』にあるように「てんば」という語もあった。こちらは元禄八年（一六九五）刊の句集『となみ山』の連句に、「聞きしより宮司の娘てんばなり（夕兆）／遊びのやうに前渡り来る（呂風）」とあるなど、江戸前期からある語だ。オテンバはこのテンバにオが付いたものと考えたい。

「てんば」のほうの語源について、先の『大言海』ではオテンバのオの落ちたものとしている。しかしオテンバよりテンバのほうが古くからあるのだから、本末転倒だろう。

箕田憙貞《みたきてい》の享保十三年（一七二八）成立の語源辞書『志不可起《しぶかき》』では、「女ノしとやかニナク騒がしく不行作ナルヲてんば女ト云フハ天馬ナランカ。」普通の馬でも足が早い、まして天馬・

龍馬などは足を止められない、それにたとえて云うのだろう、とする。かなりこじつけ臭い。
「転婆」と書くのは、槙島昭武《まきのしまてるたけ》の享保二年刊の辞書『書言字考節用集』（言辞）に、「転婆《テンバ》（女児ニ所レ言）」とあるのが最古か。

蓮《はす》っ葉《ぱ》

若い女性の軽薄で下品なことを「蓮っ葉」と言う。石原慎太郎『太陽の季節』に、

花に埋もれて英子の写真が置かれている。それはあの蓮っ葉な笑顔と、挑むような眼つきであった。

とある。仮名垣魯文《かながきろぶん》の明治五年刊『安愚楽鍋《あぐらなべ》』（三・下）に、

おころさん、私《わっち》をそんなはすっ葉《ぱ》だとおゝもひか。

とあるのなどが古い例だ。それ以前は、滝沢馬琴『夢想兵衛胡蝶物語《むそうびょうえこちょうものがたり》』（前・三）に、「昔のはすは、今はおちゃぴいと呼びかへ」とあるなどハスハだった。宝暦三年（一七五三）初演の長唄の『京鹿子娘道成寺《きょうがのこむすめどうじょうじ》』に、「どうでも女子《をなご》は悪性者《あくしゃうもの》、都育ちははすはなものぢやえ」とある。

語源については、大槻文彦『言海』に、「斜端《ハスハ》ニ意カ。或云、蓮葉ノ義、一葉ヅツ飛除キテ寄リ添ハヌ意ヨリイフト、牽強ナラム」（『大言海』には「斜端《ハスハ》ノ意カ、或ハ云フ、蓮葉ノ義カ」）とある。二説あるが後者のほうが良いようだ。貞享四年（一六八七）刊『好色貝合《こうしょくかいあわせ》』（下）に、

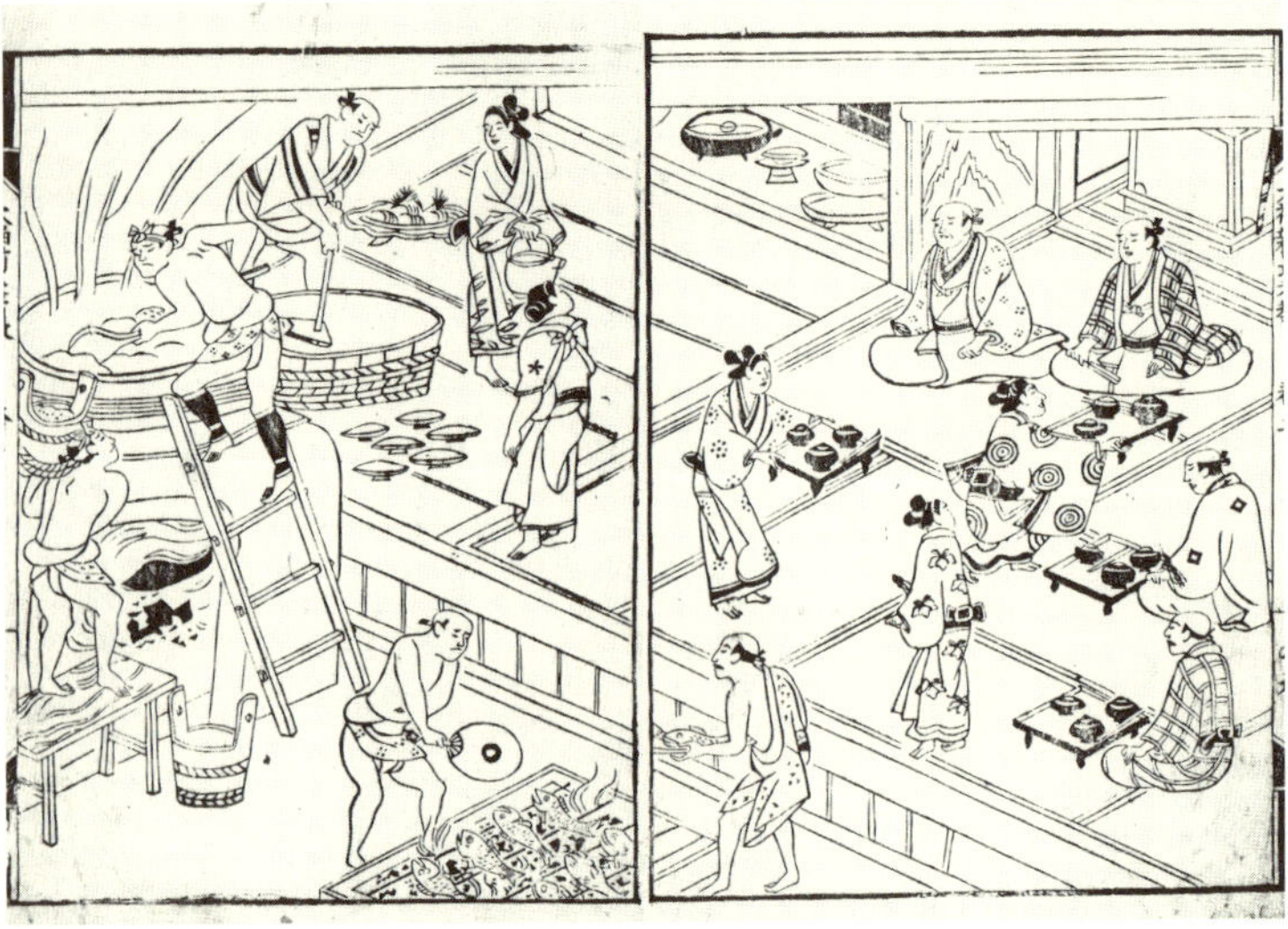

蓮葉女（日本永代蔵・二）

よろづ軽行き（手軽）にして麁《そ》相《さう》（粗末）な道具を蓮葉《はすのは》と言ふごとく、破手《はで》なる下女を蓮葉《はすは》と言へり。（略）諸国の商人《あきんど》の集まる問屋の下女を、問屋蓮葉と名にあらはなり。

とある。元々は盂蘭盆に供える物を「蓮の葉物」と言い（世間胸算用・一・三）、一時の用に供することができれば良い物ということで、粗末な道具の意味に「蓮の葉・蓮の葉物」というようになり、さらに問屋の接待用の女に転じて用いたのだ。

この問屋の蓮葉女について、井原西鶴は『好色一代男』（三・三）に、

あれは問屋方《とひやかた》にはすはと申して、眉《み》目《め》おはかた（普通）なるを東国・西国の客の寝所《ねどころ》さすためにかかへて、

おのが心任せの男狂ひ、小宿を替へて会ふこと、いたづらの昼夜に限らず、出歩《であり》くことも親方の手前を恥ぢず。妊《はら》めば苦もなう下ろす。衣類は人にもらひ、はした銀《がね》もあるに任せて手に持たず。

と描いている。そういう女の下品で好色で無責任なことを「蓮葉」と言うようになったのだ。そんなわけで、遊郭とは関係ないが、一種の遊女と言えるので、ここに入れた。

なお、蓮の葉の形の編笠「蓮の葉笠」を、「この蓮葉《はすっぱ》を取りやアがれ。（ト、編笠を取り、顔見合はせ、助六驚く）」（歌舞伎・助六所縁江戸桜《すけろくゆかりのえどざくら》）のように、ハスッパと言うこともあった。

しゃらくさい

「虚言《うそ》と坊主の髪《あたま》は、いッた事はありません。」

泉鏡花『義血侠血』（一）に、

「何《なん》だね、洒落臭《しゃらくさ》い。」

という会話がある。今のところ最古の例は、明暦元年（一六五五）刊の遊女評判記『難波物語』の鳴瀬《なるせ》という遊女について記した文中に、「時々しゃらくさき事を唱へ出《い》だせり」とあるものだろう。

この語源について、庄司勝富《しょうじかつとみ》が吉原遊郭の歴史などを記した『異本洞房語園』（二）に、「越前の三国（福井県坂井市三国町）あたりにては、遊女の別名をしゃらと言ふ。又人の女房・娘などの遊女の風俗に似たるを見てはしゃらくさいとも言ふ由」とある。

貞享三年（一六八六）刊の『好色三代男』（一・三）に、越前とおぼしきあたりのことを、

此の所に名高きしゃらには、幾世《いくよ》・花月・玉川・万作などと指折りて語るを聞けば、都にての色人を所からとてかくは呼ぶとかや。

と記すところがある。遊女を「しゃら」と言った傍証になる。

別のことも考えられる。江戸初期から、「しゃら」という、しゃれたさま（『可笑記』（三）に「傾城といへるものは（中略）しゃらなる風情」）、生意気（『竹斎』（下）、『仁勢《にせ》物語』（下）など。近松門左衛門『曾根崎心中』に「ヤアしゃらな丁稚《でっち》上りめ」）の意味の語があった。この「しゃら」に、それらしい感じがする意味の「くさい」が付いたのではないか。あるいはこの「しゃら」が越前三国で遊女の意味になったと考えれば、二つの説を合わせることになる。

井原西鶴の『日本永代蔵』（二・二）に、大津（滋賀県大津市）の遊郭を描いて、「柴屋町より白女《しゃれ》呼び寄せ、客の遊興昼夜の限りもなく」とある。「しゃら」は「しゃれ」と関わるかとも考えられる。

別の説もある。

箕田憙貞《みたきてい》の享保十三年（一七二八）成立の語源辞書『志不可起《しぶかき》』では、①「しゃれくさい（洒落臭い）ト云ヘル事ナルカ。」、②「一説ニ藤井全徳ト云フモノ、俳名社楽斎ト号、仙薬也トテ伝ヘテ常ニ服シケルガ、モハヤ飛行ナランカトテ、屋上ヨリ飛ビケルガ、落チテ腰ヲ損ズ。ソ

社楽（西鶴名残の友・三・三）

レヨリアタハヌ（できない）事ヲスルモノヲしゃらくさいトイフトゾ。」という二説を挙げる。

後者は面白すぎる。こじつけだろう。前者は考えられるが、「しゃら」という語があるのだから、そちらを語源とするほうが宜しかろう。

この第二の説は、元禄十二年（一六九九）刊の井原西鶴の遺作『西鶴名残の友』（三・三）に「腰ぬけ仙人」の題で、最初に、

> 世の時花言葉《はやりことば》に、人に替りたる風俗を見て、しやらくさいと言ふ事、泉州の堺に藤井徳庵といへる俳諧師の、名乗りを社楽といふより、世界の転合口（冗談）になれる初めなり。

として、笑い話に脚色してある。『志不可起』はこれによったのか。それともこの話は広く知られていたのか。松葉軒東井の寛政末年（一八〇二）までに完成した諺の辞書『譬喩尽《たとえづくし》』（七）にも、「洒落斎《しゃらくさい》社楽斎も及ばぬことをいへり。」として、藤井元徳のことを記している。

かまとと

織田作之助『土曜夫人』（兄ちゃん・七）に、

「ポン引って、何のことなの。やっぱしピンボケみたいなもの……？」

夏子は「カマトト」ではなかったのだ。千代若と一緒に、キャッキャッと遊びまはったりすることが、何となく浮々と面白くて、にはかに不良マダムめいてゐたが、夏子はやはりうぶだった。スリルは感じても、体をよごすのは怖く、何にも知らなかった。見かけ倒しの不良マダムだった。

とある。女性がセックスに関することを知っているのに知らないふりをすること、うぶなふりをして甘えるのがカマトトだ。

これは、「蒲鉾（かまぼこ）って魚（とと）なの。知らなかった。」と尋ねたことが起こりで、江戸後期に上方の花柳界で使い始めたと言われている。

五代目古今亭志ん生は、落語「首ったけ」のマクラに、

だいたい、この素見《ひやか》しという言葉も、吉原から出たんだそうでありまして、吉原のそばに、紙すき場があって、紙屋の職人が紙を浸《ひた》しておいて、冷《ひや》けるのを

冷《ひ》やかす

待ってンのが退屈だから、「ひとまわりまわろうじゃないか」てんで、冷かすあいだまわるんで、これを〝ひやかし〟とつけたんだそうですな。（志ん生廓ばなし）

と語っていた。落語だからふざけたことを言っているように聞こえるが、大槻文彦『言海』に、「東京ノ俗語ニ素見《スケン》ス。（浅草山谷辺ノ紙漉業ノ者、紙料ノ水ニ冷クル間、北里ニ遊ベル隠語ニ起ルト云）」とあるように、これが正しい語源だと言われている。吉原（『言海』にある「北里」）の近くの山谷《さんや》に紙の漉《す》き返しの職人がいて、紙の原料を水に浸《つ》けておいて、それが冷けるまでに吉原の賑わいを見物したことから出たのだが、今はその言葉の元を知る人は稀だと、山崎《やまざき》美成《よししげ》『三養雑記』（二）にある。

　本来は「冷やす」だけれど、「散らかす」「紛らかす」などと同じように、「冷やかす」とも言った。そこから紙漉き職人が原料を冷やかす間の吉原見物に言うようになり、吉原だけでなく、

なんだかめっぽうにおもしれえ。これから両国をひやかすべい（トぶらぶら歩きながら、あきんどのまねを一々しながら行く）（式亭三馬『一盃綺言』）

のように、盛り場などを見て回ること、買う気も無いのに商品の値段を尋ねるなどすることにも言うようになった。近代でも、二葉亭四迷『平凡』の最後に、

此稿本は夜店を冷かして手に入れたものでございますが、跡は千切れてございません。

という例がある。
今では、夏目漱石『坊っちゃん』（二）に、

ある時将棋をさしたら卑怯な待駒《まちごま》をして、人が困ると嬉しさうに冷やかした。

森鷗外『ヰタ・セクスアリス』に、

外の生徒は二人が盛砂の中で角力《すまふ》を取るのを見て、まるで狗児《ちんころ》のやうだと云って冷かしてゐた。

とあるように、悪口などを言って相手をからかうのに言うことが多い。これは職人と遊女の悪口の言い合いからとも、商人と客とのやりとりからとも考えられる。江戸後期から例が見られる。

志ん生の速記にも『言海』にも「素見」と漢字が当ててあった。沢田東江《さわだとうこう》の宝暦七年（一七五七）刊の洒落本（遊郭を主題とする小説）『異素六帖』に、「我が朝《てう》には（高級な遊女を）紅葉の縁にて高尾と名づけ貴《たっと》ぶ。この故に素見《すけん》の人は花を見て帰る心地せりとなり」とあるなど、同じことを「素見」と言った。これについて暉峻康隆《てるおかやすたか》『すらんぐ』では、「初期の江戸遊里文学である洒落本は、中国文学趣味のインテリが書きはじめたので、「素見《すけん》」などという中国風の気取った言い方をしたのであった。」と説明している。沢田東江は漢学者だった。

地獄《じごく》

山東京伝の天明五年（一七八五）刊の黄表紙（大人向けのパロディ絵本）『江戸生艶《えどうまれうわ》気樺焼《きのかばやき》』（中）に、妾にする女を「去年の春、中洲《なかず》で買ったぢごくではねえかしらん」と言うところがある。私娼（遊女屋でない家に雇われていて売春する女）を「地獄」と言うことがある。

高柴三雄の弘化四年（一八四七）成立の随筆『花散る里』には、安永（一七七二―）の初めに江戸新大橋の際の三俣《みつまた》を埋め立てて富永町（東京都中央区日本橋中洲）を作り、そこに茶屋などが出来てそこの売女を地獄と呼んだ、地獄の名はこの時に起こった、天保の飢饉に貧しい者は飢餓に耐えきれず女たちには売婬するものが多く各地に生じ、これを地獄と称した、とその起こりを記している。正しいのかどうかは分からないが、用例はたしかに安永ころから見られる。

地獄と言う理由については、いろいろな説がある。

①寛政九年（一七九七）成立の喜田有順の随筆『親子草』（一）に、「地獄とは地女（しろうとの女）の極《ごく》内々の者といふことなり」とある。地極と音が同じなので地獄になったというのだ。著者不明『梅翁随筆』（四）、村田了阿の随筆『了阿遺書』（中）、太田全斎の辞書『俚言集覧』などもこの説だ。

②風来山人（平賀源内）の安永三年（一七七四）刊『里のおだ巻評』には、清左衛門という者がこれを企て、箱根（神奈川県の箱根温泉）に清左衛門地獄という温泉の湧き出る所がある

のに基づいて、仲間同士の合い言葉で地獄と言うようになったとある（清左衛門は平左衛門が正しいようだ）。西沢一鳳軒《にしざわいっぽうけん》の嘉永三年（一八五〇）成立の随筆『綺語文章《きぎょぶんしょう》』（五）もこの説だ。喜多村信節《きたむらのぶよ》『嬉遊笑覧』（九）では「この説付会（こじつけ）なり」と否定する。

③山崎美成《やまざきよししげ》の天保八年（一八三七）に完成した随筆『海録』（一〇）には、甲申（文政七年〈一八二四〉）五月に地獄という名の隠し遊女が百人余も捕えられた、地獄というのはもとは隠し名なのだが今は公の名目になっていると述べて、遊女に地獄という名のあることは、和泉国堺（大阪府堺市）に地獄と名の付いた遊女があり、一休と唱和をしたことがあると記している。これにもとづくと言うのだろう。

④高柴三雄の弘化四年（一八四七）成立の随筆『花散る里』には、語源を清左衛門とする説を否定した後に、或る人の説に、良家の子弟が堕落して悪徒の群れに入り囚獄の苦患を受けるのは遊女に耽溺するのに起因する、奈落に沈めさせるのは遊女で、その恐ろしさで地獄と言い始めた、とする。

この中では、④の遊女に溺れて様々の苦しみを受ける恐ろしさからというのが穏やかなようだ。私娼の苦しい境遇が地獄なのだとも考えられる。

達磨《だるま》

「達磨」で思い浮かべるのは、顔以外は赤く塗った張り子の起き上がり小法師《こぼし》だろう。六世紀の初めにインドから中国に禅宗を伝えたという菩提達磨《ぼだいだるま》の座像をモデルにしたと言われている。達磨は洛陽の東の嵩山《すうざん》の少林寺で壁に九年間向かって座禅を続け（面壁九年）、足が腐ってしまったと言う。真偽は分からないが、伝説の多い僧だ。

「達磨」は梵語ダルマに漢字をあてたもの、「法」と漢訳する。「その意味内容を詳しく検討すると、（イ）法則・法律・基準、（ロ）教え、（ハ）真実・最高の実体、（ニ）事象というような意味のあることが知られる。」（岩本裕『日常仏教語』）という複雑な内容の語だ。それを僧の名にしたのだろう。

水上勉『越前竹人形』（三）の最初に、「芦原の遊廓は、だるま屋の並んだ町で、正式な遊廓とはいえなかった。」とある。売春婦を達磨と言う。幸田露伴『当流人名辞書』に、「密《ひそか》に淫を売る婦をいふ。転ぶといふ謎にや。東北諸州の語。」とある。転ぶとは隠れて売春することを言う。江戸中期から見える意味だ。

色《いろ》

最後に、遊郭とは関係ないが、イロザト（色里）、イロゴト（色事）、イロオンナ（色女）などの「いろ」について記す。

奈良時代にはイロは①色彩②顔色の意味しかなかった（時代別国語大辞典 上代編）。ところが平安時代になると、「色好みと言はるる限り五人」（竹取物語）、「色好むといふ好き者」（伊勢物語・六一段）などと、「いろ」が、恋愛・情事の意味にも用いられるようになった。これは中国の「色」の字に情欲・容色などの意味があることとの影響と考えられている。

色の篆文
（説文解字）

「色」という漢字について、近年の漢字研究では、藤堂明保『漢字語源辞典』に「男女の交合するさまを示す。」、加藤常賢『漢字の起原』に「二人が取っ組んで連続して一つになる意である。性交の状態そのものの意である。」、白川静『字通』に「人の後ろから抱いて相交わる形（略）男女のことをいう字。」とするなど、性交の形を表すとしている。『論語』（学而）の「賢を賢として色に易《か》ふ（賢賢易色）」の魏の何晏《かあん》の注釈『論語集解《しっかい》』に、「好色の心を以て賢を好めば則ち善《よ》し（以好色之心好賢則善）」とあるなど、「色」には男女間の情欲の意味があるのだ。

あとがき

楽屋話をする。

これまでに『くいもの――食の語源と博物誌――』『人名ではない人名録』『仏教からはみだした日常語』という語源を扱った小著を出した。実は初めはこれらを合わせて「俗語の語源」とでもいう題で、暉峻康隆『すらんぐ』のような一冊にしたいと思って書き始めた。ところがまず『くいもの』で一冊分の分量になったので、これだけでまとめることにした。次いで人名も同様に一冊分になった。残ったのは仏教語と遊びの言葉ということになり、この二つでは水と油を一緒にするように感じたので、まず仏教語を色々と付け加えて一冊の分量にした。そして最後に残った遊びのほうもこんな形で一冊にまとめ上げることが出来た。

今度も「遊びからはみだした日常語」ということを初めは考えていたが、それぞれの遊びそのものを表す語に関心が向いたので、それが多くなった。でも扱うのは語源に興味を持てる語だけにした。女の子の遊びの羽根突き、毬突き、ままごと（飯事）などが無いのは、語源に面白い話題が考えられなかったからだ。

これまでの三冊でもそうだったが、著者としては、今でも使っている言葉、使わなくても理解できる言葉を扱うことを心掛けた。そのために、若い人を捕まえて、オシャカは分かるかとか、五右衛門風呂というのを聞いたことがあるかなどと尋ねて、それを参考にして載せる言葉を選ぶようにした。

ところが、今度の本では、書き上げてから気掛かりになって、中学一年生の少女に、メンコ・ビー玉・べえ独楽を知っているかと尋ねたら、言葉さえも知らないという答えだった。また、三十代の婦人は、蓮っ葉・おちゃっぴい・スベタなどは分からないとのことだった。これはわたくしにとっては衝撃だった。子供の遊びのほうは、昭和の末ころにテレビゲームやファミコンなどが普及して、子供たちは集団で遊ぶことをしなくなったのだ。女性の悪口のほうは、元気な女の子を批難する風潮が薄れたのだ。それぞれに理由は考えられ、もっともなことと思う。しかしこういう下世話だが生き生きした言葉が消えてしまうのは残念なことだ。それで原稿を消さないで残して、少し説明を書き加えた所がある。分かっているかたがたはしつこいと思われるかもしれないが、こんな事情なので、お許しいただきたい。

もう一つ言い訳。編集部から、人名や書名を中心に振り仮名を多くするように求められた。ところが平安後期の辞書『色葉字類抄《いろはじるいしょう》』の著者の橘忠兼の読み方を記したものは見つからなかった。多分タチバナノ・タダカヌと思うが他の読みも考えられる。語源の本『名言通』の著者服部宣も分からない。分からないことは書けないのだ。
表紙に高山寺所蔵の『鳥獣人物戯画』（甲巻）の二頭の猿の絵を使わせていただいた。勉誠出版からこの絵巻四巻の精緻な複製が出ている縁にすがってのことだ。それにこれと同時に勉誠出版から出た高山寺の『華厳宗祖師絵伝』の詞書の釈文を担当した縁もある。使用を許された高山寺当局のご厚意を深謝する。

平成二十七年七月

小林祥次郎

【ま行】

【や行】

【ら行】

【な行】

【は行】

【さ行】

【た行】

索　引

著者紹介
小林祥次郎（こばやし・しょうじろう）

昭和 13 年 2 月　栃木県栃木市に生まれる。
昭和 35 年 3 月　東京教育大学文学部文学科卒業。
平成 13 年 3 月　小山工業高等専門学校教授を退官。

主要著書
『書言字考節用集　研究並びに索引』(中田祝夫と共著、風間書房、同改訂新版、勉誠出版)、『多識編自筆稿本刊本三種　研究並びに総合索引』(中田祝夫と共著、勉誠社)、『近世前期歳時記十三種　本文集成並びに総合索引』(尾形仂と共著、勉誠社)、『近世後期歳時記　本文集成並びに総合索引』(尾形仂と共著、勉誠社)、『季語遡源』(勉誠社)、『季語再発見』(小学館)、『日本のことば遊び　新装増補版』(勉誠出版)、『梅と日本人』(勉誠出版)、『日本古典博物事典　動物篇』(勉誠出版)、『くいもの―食の語源と博物誌』(勉誠出版)、『人名ではない人名録―語源探索』(勉誠出版)、『仏教からはみだした日常語―語源探索』(勉誠出版) など。

遊《あそ》びの語源《ごげん》と博物誌《はくぶつし》

平成 27 年 8 月 21 日　初版発行

著　者　小林祥次郎
発行者　池嶋洋次
発行所　勉誠出版株式会社
〒 101-0051　東京都千代田区神田神保町 3-10-2
TEL：(03)5215-9021(代)　FAX：(03)5215-9025
〈出版詳細情報〉http://bensei.jp/

印　刷　太平印刷社
製　本　村上製本所
装　幀　ヒロ工房（稲垣結子）

ISBN978-4-585-28021-7　C0081